歷史有話說 曉明傳奇

廖妙薇 ● 編著

金耀基教授

香港中文大學前校長

香港中文大學社會學榮休講座教授

中央研究院院士

劍橋大學、麻省理工學院、海德堡大學訪問學者

社會學家、文化教育家、書法家

近著:《社會學與中國研究》(2013)

尋廢文之真貌
發潛德之幽光

題摩好藏者展又有話說～曉明儻奇

辛桂二十辛庚子秋季香港
金燿基八十老人

曉明中學創辦人平靜修修女
M. Tolmira f.m.m.

　　五十年代的「新填海」，是澳門東隅濱海的菜地和菜農搭建的木屋區，越過菜田相隔著開發中的羅理基博士大馬路，是曉明中學建校所在地。

　　經過加思欄兵營外沿的壁壘高牆，進入一地黃沙的馬路，沿途只有幾幢小洋房，來到大業別墅（當時的商務旅店）毗鄰，就是樓高三層的校舍，白色的聖母像巍然矗立於大樓之巔，與東望洋山頂的燈塔和聖母雪地殿教堂上下相映照。

　　曾幾何時，一畦菜地變成商廈林立、車水馬龍的「新口岸」，曉明舊貌隱沒在時代洪流中。儘管她短暫的歷史在澳門人的記憶中逐漸淡忘，但是平修女留下的音容笑貌和一生堅持的教育精神，在曉明人心中永遠不會消失。

　　滄海桑田七十年，今天說曉明的傳奇故事，便從這張歷史圖片開始。

右圖：1959年10月澳門政府為修築新口岸大賽車跑道，飭令原新填海汽車道旁之數十間木屋，馬上拆卸或遷移，菜農集體重置於曉明學校對面的一處空地。自此該地一帶納入新口岸發展區域，而「新填海」這個地名從此消失，成為舊日澳門老居民的回憶。〔見附錄一：澳門華僑報館藏歷史檔案（1）1.1—1.2〕

右圖來源：澳門歷史檔案館

目 錄

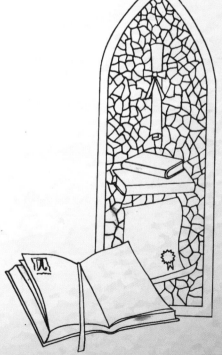

第三章　曉明的教育精神與傳承

推動學校教育革新思維的曉明傳奇

——高家裕

感謝廖妙薇女士贈送了她早前的一本《破曉明燈》的著作，與及這次《歷史有話說——曉明傳奇》的相關資料，讓我閱讀後，除了在精神上獲致極為歡欣與豐盛的感受外，更讓我認識澳門天主教會在教育上的貢獻。

這本書的內容，主要是敘述瑪利亞方濟各修會在澳門所辦理的、專為培育貧苦家庭子弟的曉明學校的辦學經過，詳述其教育方針、辦學理念、教師們的心意，與及整間學校的氣氛及所達成的教育目標。以平修女為首的修女及教育工作者，全情投身平民教育、品德教育、文化教育，與及培養同學們愛國家、愛民族的國民教育。曉明學校由草蘆茅舍到建設齊備的教學大樓，由招收初小學童延伸辦到高中三，使到本來家貧而沒有機會讀書的女孩，也能得到受教育機會，從而在學識、品格及發展上均有所成，真可謂功德無量。

筆者對澳門認識不多，但一向知道澳門從來重視文化教育，過去如此，今日亦如是。我所參與及負責的一個教育團體，近三十年來，一直與台灣、澳門及國內如北京、上海、廣東及四川等，每年均舉行「海峽兩岸及港澳地區教育學術研討會」，每次研討當中，澳門團成員都發言踴躍，而且都言之有物，令人看重且肅然起敬。而前往台灣和內地升學的海外學子，澳門同學亦一向表現出色。

澳門文化教育界及青年們，能有這樣表現，實在是有其深厚及現實上的因素，因為澳門一向重視教育，特別重視品德教育，無論在澳葡時期，以至回歸及成立特區政府後，主政當局，莫不如此。而在民間方面，宗教團體，特別是天主教，與及教育團體相關人士，百多年來，尤其是二次世界大戰後，一直都是努力推行教育，即使在經濟條件並不太好的戰後初期也是如此。

與著者廖妙薇院士認識近三份一個世紀，雖在工作及發展上各有領域，我心中對這位學妹卻非常敬佩，其在電視及傳媒、以至國際知名媒體上表現出色，尤其近年來從事戲曲文化的著述及出版，苦心孤詣，為這文化遺產與傳統藝術的承傳，發揮了無人可及的功能。

她由小學四年級在曉明學校攻讀至高中三畢業，因而對學校感情深厚和瞭解深刻，可以理解。為尋找母校當年的歷史軌跡，她透過親身經歷、以新聞從業者的專業態度，大量而深入的採集資料，求證、應用，再加上其簡單、流暢及充滿感情與文采的筆觸，對曉明學校由創立至結束的歷史過程，以真實史料佐證她的記述，並對創辦人平修女及眾多教育工作者共同建立的教育精神，加以仔細分析，深入地探索這種精神對人類及社會發展的影響，更突出了曉明學校在教育上的成就。

　　平修女一生，可以說是功在中國，功在人類。所以作者在其前一本著作上，稱之為「中國百年歷史人物」一點也沒有錯，並且標示着「本書不為平修女和曉明的過去而寫，是為今日的老師、家長、學生的未來而寫」，這個講法和目標，旨哉斯言，太具深度與哲理了！

　　教育是百年樹人的事業，雖然曉明中學許多人物和事蹟似乎和我們越離越遠，但其教育精神，依然可以是今天的一面借鏡，儘管時代會更替，其價值卻是永恆的。行將出版的《曉明傳奇》，我認為不但為老師、家長、學生而寫，是為進一步推動學校教育的革新思維而寫，這才是本書最重要的價值所在，也是筆者個人的寄望所在。

高家裕教授
曾任多所大專院校教授
曾任香港多間中學校長
香港基本法諮詢委員會委員
香港教師會會長
香港校董學會創會及榮譽主席
兼任多項教育文化及藝術團體公職
專研國父思想、中華民族史、
現代中國政經及香港社會的演變發展等
近著:《從橋頭到橋頭—我的祖國心、香港情》(2020)

序二

不平凡的曉明教育精神

——黃素君

　　短短六年間，廖妙薇女士先後出版了兩冊有關曉明學校的專著：先前的《破曉明燈》和刻下的《歷史有話說—曉明傳奇》，魄力實在讓人敬佩！爬梳多年歷史，將昔日曉明的事跡、生活點滴，乃至曉明人的回憶和心聲整理出版，這要有魄力、有堅持才能成事。當然，也不能忽略在過程中，全球曉明人無遠弗屆以不同方式的參與，這種凝聚力與共融精神讓我感動萬分。而最讓我好奇的，一如作者所言：「曉明自1953年創校至1975年結業僅廿二年，在學校教育的歷史長河中雖然微不足道，但在當代的大環境中，有其無可代替的角色。」究竟為甚麼短暫的歷史能成為「無可替代的角色」呢？我帶著這份好奇心，邊讀著曉明的傳奇，邊感受著澳門上世紀六、七十年代人與人之間互助互愛的溫暖，邊回憶著那段雖艱難卻又散發著善良人性的歲月……這不單純是一本校史，而是澳門的集體回憶，是澳門的地方史！

　　我雖不是曉明人，但在時空上卻有幾個模糊的交匯點，讓曉明走進了我幼時的認知世界。

　　第一個是校服。小時候，女同學在閒聊時愛談論更喜歡哪一款和顏色的工人裙校服等瑣事。印象中，就讀曉明的幾個鄰居大姐姐穿的都是深藍色的工人裙，而我穿的卻是咖啡色的。

　　第二個是校舍。曉明原址是現時的聖羅撒英文中學，屬新填海地段，那時是種菜的地方。一般而言，時為小學生且居住在水坑尾一帶的我，沒機會去這麼「遠」和「神秘」的地方。碰巧在小學五年級時，有住在新填海的同學病了，幾個同學自告奮勇向班主任提出要送功課和作業到同學家。說穿了，同學們借機去新填海「探險」而已。另一住新填海的同學帶領我們繞過加思欄公園，過了葡京灣直走，沿途盡是不平坦的沙泥路，經過曉明，這也是我與其最近距離的「接觸」。

　　第三個是「學校合併」事件。理論上，對於當時作為小學生、沒有互聯網和電子通訊，又是別校的事情，這不應引起我的關注。但說來巧合，1975年時我就讀的小學（聖馬可堂小學）也在合併的行列（與蔡高中學合併），基於認知水平，作為小學生的我們最關心的仍是校服問題（其實這何嘗不是一個身份認同的課題呢！）。當時鄰居們對這股「學校合併」潮議論紛紛，而曉明的合併在社會上引起相對較大的反響，還聽說鄰居大姐姐因家人不讚同合併而轉校。這類殘存的片段一直停留在記憶中，通過閱讀《歷史有話說—曉明傳奇》，它補充了我認知上的缺失，讓我對那時期的歷史事件和原委有更充份的了解。

作為教育工作者和教育研究員，我在閱讀時最關注的莫過於曉明學校的教育精神。究竟是甚麼教育信念和價值能突破22年辦校史的宿命，承傳和超越至今呢？我以「不平凡的曉明教育精神」為序題，有兩個原因。一是想指出，曉明最「不平凡」的教育精神是來自最平凡和生活化的教育實踐；二是想指出，愛、公平和信任是曉明教育精神的根本。譬如，在推廣平民化教育時，在平凡的教育事業上突破，辦女校讓女生可以讀書，成為當時「不平凡」的舉措，也成就了一批批卓越的校友。作者提到曉明的特色是「放任」，學生手冊裡沒有明列的校規，而由學生去思考和判斷。其實，這並非「放任」，而是「信任」，實屬難能可貴！另外，可能是基於人力資源，學校「採用獨一無二的開放自助式，校長室門戶常開，錢箱就放在窗沿小桌上，沒有人在的時候，學生自取簿本，自己把錢丟進錢箱，從來沒有人少放一分錢」，這份人與人之間的信任，在今天的學校乃至社會均極需重建起來。又在一般的認知裡，家法都具懲罰性，但曉明的家法卻是：「慈愛、寬容，誠實，講義氣，勇於承擔」，以愛和恕取代了嚴懲，這不單是對人的信任，也是對教育的信任！

活到我這個年歲的人，回憶或許只是一個身份和歷史見證，而《歷史有話說—曉明傳奇》將溫暖的澳門故事帶回來。通過這些曉明的專著，也能讓後代感受到當中的感動。而曉明的歷史給我最大的啟示就是：雖然歷史短暫，但是曉明對於社會的責任、對人的愛護和尊重都傳承著其教育精神。澳門社會和學校教育都需要這種勇氣、熱情、愛和信任來讓夢想飛翔！

黃素君博士

澳門大學教育學院副教授

澳門大學澳門研究中心特邀研究員

英國劍橋大學訪問學者

澳門教區天主教教育委員會委員

《澳門日報》專欄作者

長期從事澳門教育研究，主要領域有

教育政策、課程研究、公民教育等多方面

並主持多個澳門大型研究項目

包括托兒所服務質素、天主教教區學校發展歷史等

曉明中學是澳門一地教育的重要壁壘

——黎廣基

　　據說，早於1927年，有本地學者稱香港為「荒漠之區」。嗣後，「文化沙漠」（Cultural Desert）之名便不脛而走。余秋雨認為：「香港能出一個饒宗頤，就絕不是文化沙漠。」其實，除饒宗頤外，自上世紀抗日時期以降，南來避難的學士文人很多。當其時，學者如錢穆、陳湛銓、羅忼烈，哲學家如唐君毅、牟宗三、徐復觀，詩人如梁簡能、吳天任、曾希穎，大都夙負盛名，他們或任教上庠，或創辦書院，推動了香港專上教育的發展。吾生也晚，未能得見諸位先生。直至90年代初，我隨友人到樹仁學院學習，才得以認識湯定宇先生。湯先生乃錢穆先生早年弟子，而學問實不相似，反倒與無錫錢基博先生接近（按：錢穆亦為無錫人）。當時湯先生以《五經正義‧序》、《書目答問補正》授學，同學皆以為苦，而我獨以為樂。授受之間，不覺與湯先生結下深厚因緣。周師錫馥嘗言：「香港地處南海，魚龍曼衍，藏珍納怪，從來不乏人才。」我想，如果以此作為評騭一地文化之標準，則「文化沙漠」之說，未必盡然。

　　那麼，同樣「地處南海」的澳門，情況又如何呢？

　　倘以老師宿儒這類「人才」而論，我認為，澳門是無論如何也不如香港的。翻查由澳門基金會開展的《澳門記憶》網頁，真正定居澳門的哲士文人，其實寥寥可數。榜上有名的，如梁簡能、羅忼烈、劉逸生、章士釗、曹聚仁等，其實都談不上是澳門人！然而，澳門卻從來沒有給我「文化沙漠」的感覺。根據英國現代詩人艾略特（T.S.Eliot）的說法，文化除了表現在個別人才上，也「見諸於該民族的藝術、社會制度、風俗習慣以及宗教之中」。他說的「風俗習慣」（Customs and Habits），也就是我們常說的「風俗」或「民風」。因此，民風之好壞，無疑也反映出一地文化之一面。而澳門民風之純樸是遠近知名的。試看一下以下的記述：

昔日澳門社會的公德、民風備受外來遊客讚賞，開車禮讓，上車有序，不隨地吐痰、扔垃圾等等。這看似小事，但卻是歷經幾代人潛移默化的教育才形成的，彌足珍貴。

　　而有別於現代人的想法，古代是以詩來衡量一方風俗之厚薄的！《尚書大傳》說：「（天子）見諸侯，問百年。命大師陳詩，以觀民風俗。」記得我初次踏足澳門，首先被它那獨特的殖民地風情所吸引：那一座座毗鄰的古老教堂、宛延逶迤的榕蔭小巷、精緻的地磚、婆娑的樹影、陡立的斜坡、奇異的街名，無時無刻都在流露著中古歐洲的氣息。當時，我懷著興奮而好奇的心情，來到了議事亭前地的市政署大樓。在那洋溢著西方古典主義的建築裏，竟舉行著一場傳統詩詞的作品展覽會！老式的建築、老舊的文體、老去的詩人，就這樣奇妙地聚首一堂，也顧不得它是東方還是西方了。在香港，其實也不無類似的詩詞比賽，但卻少有公開的展覽會。為此，我認真地細閱了每一首作品。那時的情景，至今難忘——因為，出乎意料地，這些耆英的作品大都寫得很好，竟令我找不到太多挑剔它們的地方；而其中有幾首作品，即使在過了數十年後，仍不時在我的腦海裏盤桓。當中記憶尤深的，有以下幾句：

　　漫步榕蔭懷過往，
　　驅車橋上望周圍，
　　思與白雲齊。

　　這首因記憶而殘缺不全的《憶江南》詞，文辭顯淺，但詞味盎然，平凡中自有境界，令我禁不住聯想起陶潛的「結廬在人境，而無車馬喧。問君何能爾？心遠地自偏」（《飲酒》）來。為何小小的濠江，竟能產生這樣的胸懷呢？上文說過，「采詩觀風」，本是我國的歷史傳統。《漢書 • 藝文志》云：「古有采詩之官，王者所以觀風俗，知得失，自考正也。」而民風之美惡，其實是與教育息息相關的。孔子說：「入其國，其教可知也。」（《禮記 • 經解》）那時的我，權作了采詩之官，對澳門的民風以至於其教育，不期然地另眼相看、青

眼有加了。不過，我對於澳門的教育歷史及文化，始終是不甚了了的。直到二十多年後，我有緣認識到廖妙薇女士⋯⋯

　　廖妙薇是澳門人，畢業於澳門曉明中學，對澳門的教育自有深刻了解。而憑藉她多年傳媒及文化工作積累的深厚經驗、女性敏銳的審美觸覺及感性筆觸，以及植根於傳統文化的價值觀及使命感，廖女士以個人之力，出版了一部名為《破曉明燈》的書，介紹了曉明中學的創辦人平靜修修女（Sister Rozalia Ellerik）的辦學歷史以及與之相關的點點滴滴，是一本歷史性、資料性及趣味性兼具的人物傳記。此書之副題為「中國百年歷史人物平靜修」，足見廖女士的學術自覺。其實，《破曉明燈》一書，既生動地道出了一個外籍修女於艱難動盪、物質匱乏的時代下，在一個遙遠的殖民地開荒辦學的奮鬥史，也從多方面告訴讀者一個道理：教育是文化的根基──不僅高等教育重要，優質的中學教育更為重要；不僅知識教育重要，道德教育更為重要。孔子説：「有教無類」（《論語•衛靈公》）、「學而不厭，誨人不倦」（《論語•述而》），這些我國先聖遺留下來的道理，平修女都身體力行地一一做到了。當我知道曉明中學是以《四書》、《古文》授課時，我不禁為之深深感動！孔子説：「苟有用我者，期月而已可也。三年有成。」（《論語•子路》）而曉明中學從創校到合併，足有二十二年！我想：如果澳門曾經有過這樣的一所學校，其對社會、民風、文化的影響及作用，是難以估量的。可以毫不誇張地説，如果我們可從一首詩，看到一地的民風；從一地的民風，看到一地的教育；那麼，曉明中學，就是澳門一地教育的重要壁壘。

　　也許沒有曉明中學，就沒有廖妙薇這一種人。廖女士在《破曉明燈》中，已有意無意間、逐漸揭示出曉明的精神。她覺得曉明的故事與眾不同，她曾提問説：「是甚麼力量叫我們凝聚在一起？」范桂芳修女也説：「為甚麼曉明的學生這樣長情呢？」大抵是基於這一點，廖女士從2018年開始編撰《曉明傳奇》。

　　《曉明傳奇》與前作之主要不同，是它更自覺地圍繞曉明中學之教學理念，即通過平民教育、文化教育、道德教育、生活教育、愛的教育這五個範疇，來勾勒出學校的教學精神，也就是所謂的「曉明精神」。從這一點看，《曉明傳奇》不僅是《破曉明燈》的延續，而且是通過闡釋平修女的教學實踐，將曉明中學的獨有光芒，以及其背後的教育理念及人文精神，抽絲剝繭地提煉出來，並將之從實踐性的領域提升至精神性或理論性

的境地，以為今後的教育作出借鑒。這樣，「明燈」是真正的明燈，「傳奇」則足以流芳百世，雖天地之悠悠，而明燈一盞，彷彿月印萬川，其流無盡，而光亦無窮矣。

記得小時候，我曾看過一套名為《六福飯店》（The Inn of the Sixth Happiness）的電影，講述一名英國女傳教士艾偉德（Gladys Aylward）在抗戰期間拯救百名孤兒的真實故事。劇情蕩氣迴腸，感人至深。卻一直沒有想過，與香港近在咫尺的澳門，真有這樣的一位女傳教士，為平民教育而艱苦奮鬥，為澳門造就了無數道德高尚、品學兼優的莘莘學子，一代一代地將傳統的道德文化傳承下去。我想，任何讀廖女士著作的人，都不難感受到其筆端下的感情，以及蘊含於其後的「曉明精神」。

贊曰：
月印千江，皓體無雙。
水流萬月，靜海歸藏。
所謂伊人，誰可相望？
今宵苦短，春秋正長。

黎廣基博士
香港城市大學客座研究員
南京大學文學院博士後研究員
香港大學中文系哲學碩士及哲學博士
香港大學亞洲研究中心訪問學者
章（太炎）黃（侃）嫡傳徐復先生入室弟子
專研中國古典文獻、出土文獻、中國經學、
先秦諸子學、漢語史、訓詁學等
近著：《黎廣基古典文獻研究論集--戰國楚竹書》(2021)

1993年9月12日平修女與作者合照於九龍界限街
聖羅撒學校學生活動中心曉明校友聚餐後

往 事 並 不 如 烟

—— 廖妙薇

一九九三年九月平修女自台北回來，香港校友約定她在聖羅撒學校聚餐，是年適逢她八十華誕。

暌違已久的、未曾相識的曉明校友都來了，沒有儀式，沒有禮物，沒有美酒佳餚，卻有滔滔不絕的話題，訴之不盡的心聲。平修女被學生包圍著，不停問這問那，她像個老祖母似的，總是笑瞇瞇地、凝視她滿堂的兒孫。

環繞著大家的是笑語歡聲，久久不散。

好想尋找多一些美好回憶，但手上只保留了這樣的一張照片；已是曲終人散後，揮之不去的笑容依然掛在她的臉。

就是那不時一聚的因緣，開啟了我對母校的思考；其後好長一段日子，曉明的影子總是縈繞心間——此情無計可消除，才下眉頭，又上心頭。當我嘗試觸碰埋藏已久的歷史碎片，才驚覺那是多麼沉重的過去、多麼沉痛的回憶。

曾經是澳門教育一方壁壘的曉明學校，只能在塵封的集體回憶中挖掘追尋，往事凋零，如何重塑她真實的面貌？正是「路漫漫其修遠兮，吾將上下而求索。」

一線情牽廿多年，今天終於走完了這一段孤單的旅程，交出老師留給我的功課。在曉明校友通力合作下，《破曉明燈》和《曉明傳奇》兩書先後出版，「生命恩泉」拍攝的《曉明故事》紀錄影片，以及澳門博物館今年七月至十月舉辦的「愛的教育——澳門曉明學校歷史珍藏展」，忠實地記錄了曉明的傳奇故事，給歷史一個較為完整的交代。

本書作為個人研究及保存「曉明」歷史的總結，放下感情的筆觸，嘗試客觀地分析、整合學校從前的種種作為，勾勒出這樣的一張藍圖：從愛出發的教育方針，給予一個自由開放的空間，讓學生自主完成自我人格的培養。這就是曉明精神的價值所在，是現世紀學校教育少見的方向指標。

長江後浪推前浪，時代呼喚著一代又一代的新人；歷史不斷在輪迴，往事並不如煙。浩瀚星河裡，曉明之星也許只是微弱的一點光，但願它能照亮你——看見未來。

第一章
曉明中學的創辦與結束

一. 燒灰爐始創時期 *1953-1958*

　　曉明中學創辦於澳門上世紀五十年代。瑪利亞方濟各傳教修會一位三十九歲的波蘭籍修女 M. Tolmira（本名 Rozalia Ellerik 1913-2014），1935年到中國，取中文名字平靜修，過去在中國大陸服務十七年，1952年9月遣發到澳門。平修女憑著教會撥出的小額難民援助金，以及修院屬下一幢舊洋房分出的兩個房間，開辦一所臨時學校，為貧困家庭的女孩子提供一個讀書識字的機會。

　　學校在主教山腳下燒灰爐（現時梁文燕托兒所地段），援助經費原以貧窮孩子為對象，資助基本生活所需，名額只有四十，為期一年。平修女以這小量經費為基礎開辦學校，招收失學兒童，她和上海來的范桂芳修女結伴，天天走路去青洲木屋區，逐家逐戶敲門，兩個初來澳門完全不懂廣東話的人，盡最大努力游說家長，希望給女孩子一個讀書機會。憑一腔熱誠和堅強的意志，終於招來首批學生。

　　1953年8月16日學校開課。第一個學期收了四十名學生，第二學期學生已倍增至八十，分成三班，高年級一班和低年級兩班，同擠在兩個課室上課，當中還收留了二十幾個無家可歸的孩子住宿。課室不夠用，就在屋外空地上課，晚上在養豬的棚屋開板床給孩子睡覺，又設法利用學校對面的公園設施，增加孩子的休息和活動空間（註1）。

　　一年過去，經費沒有了，平修女堅持延續學校的使命，正式定名為「曉明學校」，拉丁文 "Stella Matutina" 意即晨曦中的亮星，寓意聖母之愛如破曉晨星，光照大地，引領世人。「曉明」以宏揚大愛為圭臬，以倫理道德為依歸。

　　第二年學生人數激增，課室容納不下，房子裡可用的公共空間都權充課室，三個孩子共用兩張書桌，房子外沒有瓦片遮頭的地方都用盡了，最後，戶外用以維生的菜地和雞場全部清拆，原地搭建兩個簡陋的草棚作課室，豬舍改裝為宿舍。幾位修女胼手胝足帶領學生自力更生，無論環境多艱難，都不曾拒絕願意來讀書的孩子，老師和學生一起克服雨淋日曬，度過酷暑寒冬，在極度窘迫的生活中，一起用雙手開拓平民教育之路。

　　曉明學校在慘澹經營中繼續增收學生，頭兩年由一年級至四年級。1955年，耶穌會接收燒灰爐街的葡萄牙莊園式大樓，開辦利瑪竇學校（註2），與曉明一街之隔，平修女於是向利瑪竇借用該校兩個課室，續辦五至六年級。1956年第一屆小學生畢業，其時學生已多達二百餘人，住宿生近八十，食物主要依賴難民專署和天主教福利會發來的救濟品，書簿文具則由僑委會、教師會等民間團體捐助。學校資源匱乏，修女和學生課餘都以手工副業幫補生計，種植食用蔬果，

又利用人棄我取的二手物資，再造剩餘價值，殘舊的圖書，寫完的字簿，一頁紙、半枝筆，都得來不易，不肯浪費。在這樣的生活條件下，學生勤奮學習，扛起一家重擔的修女們為口奔馳，日夜辛勤，勉強應付學生求學之需，及維持三餐溫飽。

平修女逆境自強、迎難而上的辦學精神，引起教區和社會人士的關注，學校當務之急，就是需要一所獨立的校舍。耶穌會士陸毅神父 Pe. Luis Ruiz Suarez (1913-2011) 非常熱心，除了大力協助平修女，為學生張羅衣食住行必需品，並一直為學校尋找機會。

機會終於來了，有一天，時任經濟局局長的羅保博士邀約商談公事，在主教山峰景酒店（現為葡萄牙駐港澳總領事官邸）的餐廳大露台，居高臨下正好看見山腳下學生的活動，陸神父把握機會，申述曉明學校的景況，就這樣成就一件美事。

向來熱心公益的羅保慷慨捐款六十萬元興建校舍，並指派一位葡籍建築師規劃藍圖，由有成建築公司承建。澳門政府預留新填海（後稱新口岸）羅理基博士大馬路（舊稱羅德禮馬路）一幅空地（聖羅撒英文中學現址），作為警察培訓基地之用，在警察廳長同意下，准許該地改變作教育用途，撥歸瑪利亞方濟各修會興建校舍。

1957年初新填海地盤動工，兩層大樓於年底落成，1958年1月18日學校隆重開幕。那一年首批學生已升上初中，學校正名為「曉明中學」。〔附錄一：澳門華僑報館藏歷史檔案資料（下略:檔案資料）1.3〕

✳ (註1) 當時在燒灰爐曉明學校對面有個寬敞的公園，原是一座住宅大樓的私家花園，屬羅保家族所有，不對外開放的；在平修女情商之下，園主特別准許學生進入公園範圍內，作學習及遊戲活動。其後大樓轉售，公園捐贈給政府，現稱「燒灰爐公園」。

✳ (註2) 該葡萄牙式莊園，是一幢具有新古典主義風格的文物建築，建於十九世紀，最初是怡和洋行的商用樓房，其後羅保家族用作私人住宅。1955年教會購入大樓，創辦利瑪竇學校，至1999年遷出。現列為澳門文化遺產，文化局計劃在此設庇護十世音樂學院分校。

二. 新填海發展時期 *1958-1974*

新校舍在未開發的新填海地區松山腳下，靠山面海，佔地寬敞，樓高兩層的十字型白色建築設計，座落得堂皇美觀，學校範圍三面以麻石地臺鋪鐵絲圍網環繞，後園倚山為界。進入大閘門，前庭中央有橢圓形石山水池，兩側是籃球場和排球場，穿過校舍大樓，後院是偌大的操場和花園。主建築內設聖堂、課室、修院、宿舍、校長室、教員室、會客室、飯堂、廚房、手工房等。後山築聖母岩，石階蜿蜒而上，山水潺潺注入青蛙池，前後庭院滿植花草樹木，山邊還有幾棵果樹。登樓遠眺更是海闊天空，前臨碧海，遙望伸出海面的長命橋；後倚蒼山，坐擁東望洋勝景，與靠背的山頂醫院（仁伯爵綜合醫院）不過咫尺之遙。

新校舍成為曉明教育的基地，各級課程編制重新規劃，務求與本地歷史悠久的著名學府看齊，吸納優良師資，重視人文學科。學校環境優美，兼且學費低廉，吸引大量清貧家庭，一時間聲名鵲噪，學生人數急升超出預期，兩層校舍不敷應用，學生宿舍更是供不應求，部分宿生要睡「朝桁晚拆」的帆布床。此情況受到一位來澳採訪的美籍記者 Joseph Alsop（註3）的關注，他來校借宿，注意到宿生床位不足的現象，遂向平修女了解實情，

知道學校急需擴建，返美後便在報紙仗義執言，呼籲美國人慷慨解囊。數月之後，學校收到來自四面八方的善款，捐款者包括當時的參議員約翰甘迺迪（John Kennedy 同年當選美國總統）、Alsop 家族、波蘭 Radziwiłł 皇子、鑽石大王 Newman 等；最後，一位旅居瑞士的 Mrs Elizabeth Godfrey Birds 專程來曉明住宿一週，親自觀察學生的上課和生活狀況，臨行前向平修女表示，尚欠一半的建築費用，由她全數承包。這些熱心人士的慷慨支持，成全了平修女的願望。〔附錄一：檔案資料1.4-1.6〕

第三層校舍1960年12月落成啟用，三樓中間部份用作禮堂，兩側用作學生宿舍，可容120人，二樓增設實驗室。同年已開辦幼稚園，操場上加建幼兒遊樂設施。新校舍外觀最為矚目的是，巍峨的大樓頂上聳立著一尊特別設計的「曉明之星」白色聖母像。自此曉明中學整體設備完善，社會聲譽日隆，不但招來更多優質學生，也招來更多貧苦學生，學校依然要靠救濟和捐助，幫補學生的生活所需，而逆境自強的奮鬥精神從不鬆懈。

校舍設施既已完善，校務可再進一步發展，1961年畢業的初中三學生，一致期望可以留校繼續升學〔附錄一：檔案資料1.7-1.8〕。是年9月，曉明為這二

十四名學生開辦高中，是為高中第一屆〔附錄一：檔案資料1.9〕，自此校務急遽發展，與澳門同期的教會中學並駕齊驅。其後因應學校發展需要，由60至70年代十年之間，先後在大樓左右兩旁加建新翼兩座，擴充實驗室及添置教學新設施，增加宿舍房間，設學生餐飲及課餘活動區，青蛙池改建游泳池；至此，課室、圖書室、實驗室、運動場、學生宿舍、餐飲設施一應俱全，學生活動空間更形充裕；而曉明獨特的良好校風，更為官方及社會人士口碑載道。〔附錄一：檔案資料1.10-1.12〕

1964年第一屆高中生畢業了，平修女親自把她們送出校門，但這不代表學業的終結，學無止境，她鼓勵學生走出家門，走向世界。藉著廣泛的人際網絡，她積極謀求美國大專學院的聯繫，為學生爭取學位，爭取獎、助學金，讓心懷大志的學生可以升讀大學，繼續享受曉明的待遇。1965年起，陸續有畢業生負笈留學，入讀不同專上學院，在彼邦完成學業發展專業；即使在她卸任離開曉明之後，仍持續進行這項義務，目前留在美國的曉明校友以第一屆人數最多。

平修女開基立業，白手興家，建校以來，維持貫徹始終的平民教育宗旨，為曉明打下根深蒂固的基礎。儘管社會經濟環境日漸改善，前來就學的已非早期的貧民，但學校仍維持低收費標準，有經濟困難的依然竭盡所能給予幫助，務使所有學生能順利完成學業。

1968年平修女院長任期屆滿，奉調台灣，新任院長承襲她制訂的整套學校秩序，校長魯修女、訓育主任范修女和全體老師，教學方案不變，作風依然，曉明精神一脈相承。

✻ (註3) Joseph Wright Alsop（1910－1989）約瑟夫·艾爾索普，羅斯福家族出身，哈佛大學畢業，任職記者及撰寫專欄。二次世界大戰期間作為飛虎隊指揮官陳納德的副官前往中國，1942年在香港被日軍俘虜遣返美國。戰後繼續擔任記者，其論述具政治影響力。他是約翰·甘迺迪的支持者，1960年助選成功，曾任總統顧問。終身從事專欄寫作直至退休。

三. 歸併聖羅撒學校 *1974-1975*

七十年代，澳門經濟開始起飛，名校成為家長追捧的對象，然而經濟條件好的家庭未必仰慕虛名，更多的家長選擇教學質素和校風。曉明一貫的清廉作風雖然得到家長支持，但是物價高企下，辦學經費更形短絀。社會環境在變，過去平修女「取諸社會用諸社會」的思維，也許已經不合時宜，要貫徹為窮人服務的宗旨，的確是十分艱難的事。

瑪利亞方濟各修會因應社會各種轉變，重新調整人力經濟資源，實施統一辦學政策，修會轄下各中小學校逐步合併。八角亭家辣堂街的庇護十二世小學，率先於1973年歸併聖羅撒小學。1974年4月，再宣佈曉明與聖羅撒合併的消息。

消息傳來，有如晴天霹靂，在校師生難以置信，畢業校友也有極大反響。聖羅撒和曉明兩校雖屬同一修會，但制度和校風截然不同，合併等同殺校，意味著曉明的平民教育不再延續。

儘管院方意決，曉明師生不肯罷休，聯名上書主教府。學生代表帶著一封師生聯署請願信進謁高秉常主教，副主教林家駿接見同學，得悉學校情況及學生意願，表示盡力給予協助。經主教公署與瑪利亞方濟各修會洽商，一個月後提出的折衷方案是：曉明繼續開辦初中、小學和幼稚園，高中部停辦。

曉明合併聖羅撒的消息甚囂塵上，社會人士對曉明辦學仍十分支持，媒體一直觀望事件的轉機，特別注視曉明學校的一切活動。應屆畢業禮即將舉行，有報章主動為合併事件闢謠，無奈不久又在報導曉明畢業禮的同時，透露停辦高中的消息。(附錄一：檔案資料1.13-1.14)

接下來的一年，校長魯修女調往台灣，范修女代任校長，高中部資深老師悵然而去，留下的師生像孤臣孽子，獨自處於憂患。面對當前這個難關，全校師生群策群力，在危機中繼續尋找生機，老師不計較薪酬留校服務，學生全情投入認真學習，一致爭取好表現，以博取院方的認同和接納。一年的救亡運動，體現了上下一心、奮發自強的曉明精神。

是年11月校慶如常舉行，不少校友專程回校為同學打氣。有老師乘機向傳媒申訴學校的處境，借報章篇幅闡述創辦平民學校的艱辛，曉明在過去的進展歷程中，從未因遭遇困難而卻步；並指出建校至今已見教育成果，學生回饋社會，貢獻良多，百年樹人的公益事業，何堪半途而廢。

是日報章大事報導校慶活動，並特別指出「該校創辦已廿一年，其宗旨乃培養國民之基本教育，是故不以牟利為目的......該校之辦學宗旨深承政府及社會人士所信賴......該校向本傳統精神，為教育而教育。」同時說明這種教育精神成為曉明校友的凝聚力和向心力，「故散居各地之歷屆校友，偶爾回澳省親亦無不回校探問，足見其愛校精神，校方亦引以自慰。」媒體特別標榜曉明的教育精神，以挑起社會大眾的關注，為延續學校生命加一把力。(附錄一：檔案資料1.15)。

師生的呼聲和社會的共鳴，未能改變學校結業的命運，1975年4月7日，聖羅撒學校率先向該校家長發通知，宣告校舍重新分配，英文部將於九月遷往羅理基博士大馬路27號曉明中學現址。4月10日，省長永德輝修女給曉明學生家長發公開信，宣佈曉明學生轉讀聖羅撒學校的具體辦法。

學校通告發出，聖羅撒家長首先公開投訴，不滿英文部搬去新填海，4月14日發函刊於《大眾報》。曉明家長也集體於報章刊登公開信反對合併，雙方壁壘分明，態度強硬。(附錄一：檔案資料1.16及附錄四《大眾報》)

一年來為挽救學校自強不息的老師和同學，霎時間無法接受，憤怒的學生自發地寫反對標語，在學校閘門、圍欄、大門、噴水池、走廊牆壁到處張貼，表達強烈不滿，要求修院收回成命，一度引發學生風潮。風潮席捲校園，遺下滿目瘡痍的印記，倏忽之間人事全非，擾攘一年，奮鬥一年，合併終成事實，曉明學校推動廿二年的平民教育至此落幕告終。(見附錄一：檔案資料1.17)。

老師和學生勞燕分飛各奔前程，儘管校方為師生妥善安排，轉職聖羅撒的教師只有三人，而應屆高三畢業班，沒有一人願意轉讀聖羅撒，全班報讀聖若瑟女校。是年九月，曉明中學的校名校徽更換為「聖羅撒英文中學 Colegio Santa Rosa de Lima」。舊校舍沿用至九十年代拆卸重建，為聖羅撒英文中學現時的面貌，昔日前庭部份已成為擴建的馬路，後山地下闢建小路名「山邊街」，校園面積縮小了，而校門上方的「曉明之星」聖母像，依然散發仁愛的光芒，照耀著她孕育和守護的校園。

總結

曉明學校自1953年8月創校到1975年8月結束，由小學辦至高中，附設幼稚園及男生部(註4)，根據校方統計數字，初期學生由四十人開始，最高峰時期逾千人。最後一年停辦高中，保留初中、小學及幼稚園，學生僅六百餘人。建校廿二年，培養學生約四千人。

✤ (註4) 曉明原為女校，不收男生，後鑑於部份學生因要照顧弟弟而留在家中不能上學，平修女特許學生帶同小弟來校，安插班中學習，於是有男女同班。曉明男生不公開招生，全部由學生或家長推介入學，並承諾篤守校規，操行良好；男生讀完初小四年級便要轉讀其他學校，唯最後一年例外，男女生同升五年級。

附録一：澳門華僑報館藏歷史檔案（I）

1.1　　1959-10-26　　版次：003

跑道邊木屋
阻碍將來賽車進行
卅七間將被遷徒

　　【專訪】今年度大賽車比賽期近，跑道已在加速修築中，查新口岸由加思欄至舊飛機庫之跑道邊一帶，今年因有菜農蓋搭木屋達卅七間之多，有關方面，擬予遷移，該等菜農，聯函商會，請求協助解決，昨獲消息，該等木屋，將可能於車賽舉行前，遷移到曉明學校對開之一塊空地，每間縱橫佔三勿地方，予以重建，該事將可獲迅速解決。

1.2　　1959-11-11　　版次：003

跑道邊拆遷木屋居民　派代表赴商會請救助
因拆遷耗去費用影响目前生活

　　【專訪】新口岸汽車跑道邊緣區木屋，及木船，因有碍市容觀瞻關係，去月底，奉有關方面命令。實行拆遷，一律遷到曉明學校對開空地，重新蓋搭，除木船十餘艘遷到上述地點外，木屋共達七十間之多，亦遷到上述地點，僅三數家因貧窮無力重建，仍將拆得料木等就地暫居外，大部份已蓋搭完成安居，每間木屋，並規定佔三平方公尺半大，使有秩序地排列。惟該等木船木屋居民，大部屬貧苦人家，於拆遷後重建時，向親友貸欵，以為重建經費，故均甚吃力，昨據該等居民稱：在彼等將屋重建中，已用去一筆欵，目前該木屋重建完成後，始再找尋生活，彼等大部屬貧苦之輩，環境殊困苦，況當此天氣轉寒中，衣與食亦成一大問題，彼等代表多人昨日聯赴中華總商會，對該會人士，道達苦况，請予濟助。

1.3　1958-01-19　版次：002

羅保博士資助下曉明新校舍開幕　高德華主教主持典禮

　　【專訪】（李渙）西坑街曉明學校，專收華籍孤兒，近因校舍不敷應用，得羅保博士捐出巨款六拾餘萬元，在羅德禮博士馬路興建一新型校舍，於昨（拾八）日下午四時，敦請主教高德華主持開幕禮，是日澳門各軍政首長，社會名流，均蒞臨觀禮，計到有澳督白覺理伉儷，羅馬教廷遠東區省長任盛德姑娘，法院院長李拔士，民政廳長施樂德，衛生廳長馬丁，警察廳施若瑟，陸軍總司令施威立，僑領梁昌，崔樂其及神父，姑娘，來賓等數百人，親由校長平靜修姑娘（波蘭人）招待，情形異常熱烈。首由主教高德華行啓門禮，隨舉行宗教儀式，繼由平校長引導澳督伉儷暨各首長參觀校中各處，禮堂，課室，飯廳，客廳，宿舍，厨房，廁所等，均佈置華麗，用具整潔，孤兒得此託庇之所，　不知幾生修到也。參觀畢，隨在禮堂舉行歌唱游藝助慶，由該校學生擔任，節日精彩，並由高主教及羅保博士分別致詞，語多警惕，對學子訓勉有加，散會後，舉行茶會，至六時許始散。

　　（編按：「羅馬教廷」實為「法國瑪利亞方濟各傳教修會」之誤）

1.4　1960-08-03　版次：002

曉明招生擴充名額

　　【特訊】新口岸天主教曉明女中，學生人數日多，該校為增加校舍，特加建該校三樓，以儘量收容學生。據悉建築欵項係由羅保博士，及一位外國天主教婦人捐助，該新建築短期內完成，預期在九，十月舉行開幕，屆時請高德華主教主持典禮，又該校一九六零年度上學期起增設幼稚園班。（中山社）

1.5　1960-12-12　版次：002

曉明校舍行揭幕禮

　　【特訊】新口岸曉明中學，設立多年，校務日見發展，學生增多，因原來校舍不敷應用，特於月前鳩工新增建三樓一層，建築工程，經已全部完竣，並定今（十二）日下午五時舉行新校舍揭幕禮，敦請澳督夫人柯曼梨剪綵，並有慈幼銀樂隊到塲演奏，典禮完畢隨舉行遊藝，有歌舞等節目，同時並有該校各級學生成績展覽，屆時定有一番熱鬧。又訊，該校為適應需要，聞將由下學年起開始增設高中部，俾利學生升學。

1.6　1961-03-28　版次：004

禿筆寫出有價文章　美國記者筆下的曉明中學
打動鑽石富商捐鉅欵資助　昨天捐欵美金二萬七千元來澳

【專訪】一個來澳旅行之美國記者返紐約時，曾撰交論及本澳教育問題，並贊楊大業別墅側之曉明中學，認為倘有人能　助該校，可能使該校有更大發展，由于一篇紀錄文章，打動了一個紐約之退休鑽石商人紐文，他登高一呼，發出呼籲，至發函千餘封與認識之友人，僅三個月時間，竟籌得美金達二萬元，他本人亦捐出七千元，合共二萬七千元，（伸港幣約十五萬餘元），乘他環遊世界之便，前（廿七）日乘大來輪來澳，將該筆鉅欵，捐贈與該校，昨日下午三時，他乘佛山輪返回香港，以便乘船回美。昨天記者曾訪問過此位熱心教育人士，他年屆七十一歲，身材雖不高大而面目豐腴，過去在紐約是個鑽石商人，已退休年多，他因美國記者一篇文章，引起他同情念頭，三個月時間，籌集捐欵美金二萬元，連他本人捐出七千元，大約值港幣十五萬元，趁他乘美國環遊世界郵輪卞羅尼亞號東來，數天前該輪抵新加坡，他便提早數天，在新加坡轉乘飛機飛香港，前（廿六）日下午乘「大來」輪來澳，下榻新口岸大業別墅，昨日上午，遂携同該二萬七千元美金，拜訪曉明中學當局，道達來意，該校當局，極為喜悅，由全體員生，在學校禮堂內演劇及舉行其他儀式，向他表示謝意，下午三時，當他乘佛山輪回港時，該校負責人暨大部份員生，親送赴碼頭，鼓掌向他歡送，他回港之後，將于星期五日搭回卡羅尼亞輪，重返紐約。

1.7　1961-09-06　版次004

曉明今年增辦高中

【中山訊】本年澳門教育事業，頗有進步，中學方面亦有擴充，查新口岸天主教聖方濟各會主辦曉明中學，自一九六一年度起，增設高中，經於四日開課，現有高中一年級新生二十四名，收費極廉，每月學費收葡幣五元，對清貧學生升學，極裨益，惟該校祇收女生入學。

1.8   1962-02-16   版次：004

部份學校擬辦高中

　　【中山社訊】由於本澳人口日多學齡兒童數字亦增，故一九六一年度各學校不少增加班級，亦有增設高中部者，查曉明中學已於上學期增設高中，據教育界中人稱：籌劃下學期增辦高中者亦有利瑪竇中學，及望德中學，聞該兩校均有意增設高中，以適環境，容納初中畢業生升學。

1.9   1964-07-01   版次：003

曉明女子中學定期行畢業禮

　　本澳曉明中學經定七月三日上午十時在校址禮堂舉行高中一屆，初中六屆，小學九屆畢業典禮，敦請戴主教頒發證書，應屆中學畢業生名單如下：（高中畢業生）羅薇薇，郭志深，崔雪珍，王興，胡景倫，趙佩琛，汪立明，周德惠，李芬，關麗瓊，潘昭敏，李玉英，黃煥枝，麥鼐瓊，苗紅英，伍月寬，陳淑英，陳添根。（初中畢業生）余麗華，譚大芬，康健玲，郭良玉，林秀瑜，陳素卿，區蘊瑜，郭美媛，何麗玫，劉賽屏，郭惠玲，蕭絢嫦，趙雪萍，蔡筱明，蔡清萍，黃少麗，麥潔貞，賴順德，陳細根，趙月華，容潔萍，譚金嫻，蔡佩蓮，羅巧容，陳森玲，梁麗嫦，沈智清，倫煥然，陳婉儀，趙鳳娟，鍾偉儀，梁穎賢，何淑娟，何淑儀，陳杏滿，陳鳳環，王秀娟，張麗愛，黃惠潔，黃玉當，張寶娣，蕭絢儀，劉倩容，陳寬容，區郁枝，溫鳳娟，黃運周，何桂霞，汪立穎，蕭錦嫦，麥鼐嫦，麥翠芳，麥國璧。又該校並舉行學生成績展覽。（中山社）

1.10   1961-04-14   版次004

今日下午三時舉行 天主教學校運動會揭幕
四百八十六名健兒行入塲式

　　【專訪】天主教學校第一屆運動大會，如非天雨影响，定今（十四）日下午三時假蓮峯球塲舉行揭幕式，今後一連三天，將舉行一連串的田徑比賽，大會至本月十六日下午四時結束，舉行閉幕。

此次運動會為澳門天主教學校有史以來規模最大的一次，亦為參加校運人數最多者，統計運動員共有四百八十六名，參加的學校單位計有公進、貧民小學校、鮑斯高，聖善，海星，嘉諾撒，利瑪竇，望德，花地瑪，原，永援，慈幼，聖心，聖羅撒，聖德蘭，聖玫瑰，聖方濟各，庇道，聖若瑟修院，聖若瑟，曉明，粵華等廿二個單位。甚至連氹仔，路環的學校也有參加，預料連參觀的人數總計，將達萬人。

澳督馬濟時，代主教江沙維，體協會主席羅碧暨各行政長官神職界，體育界，中葡人士均蒞場參觀開幕式。

大會揭幕儀式簡單隆重，由運動員暨旗手繞行運動場一周，這一儀式將出動一千多人進行。(下略)

1.11　1960-07-31　　版次：008

輕車簡從探察民情澳督巡視各區　昨日巡視青州學校區

【特訊】澳澳督馬濟時自蒞任以來，對本澳頗多興革，為探求民情，澳督除擇定時間接見市民，聆取意見外，並微服驅車赴各處視察，昨（廿九）日下午六時澳督馬濟時及主教高德華曾聯袂到青洲聖德蘭學校巡視，六時四十分始離去，對該校垂詢頗詳，印象良好，又澳督於廿八日下午曾驅車巡視青洲平民區，聞對今後建設將有更進一步興革，後又赴新口岸曉明中學巡視，對該校最近校舍擴建，學生增多，甚感滿意，聞澳督仍將抽暇巡視各學校地區等，以作繁榮建設本澳參攷。（中山社）

1.12　1962-06-29　　版次003

澳督昨晨先後參觀　曉明望德聖德蘭三校　對各校設備及成績均極贊美

【特訊】新聞處消息：昨（廿八）日上午九時澳督羅必信中校，偕同副官飛能地上尉，驅車前赴羅理基博士大馬路曉明女子中學參觀，由民政廳長施雅拔博士，白朗古神父，平靜修院長，全體修女教師迎迓。

澳督蒞臨時，由學生列隊在校門鼓掌歡迎，該校為聖方濟各會主辦，全部為中文，由幼稚班至高中，曉明於一九五八年一月十八日建校，由主教暨澳督主持開幕，該校校舍由慈善家羅保博士捐資興建兩層樓宇，（該校後再加建三樓）現有女生一千〇六十名，校具全部由天主教會捐贈。

澳督先巡視地下聖堂，隨到各課室，（學生正在考試）當澳督參觀，均予鼓掌歡迎，繼到二樓參觀化學室，生物室，禮堂，（時有十四歲女生在奏琴），禮堂時常放映電影及演戲，招待學生與家屬，澳督在騎樓瀏覽校後花園，風景優美，該處清晨為學生散步運動之所，校門前有籃球場，及兒童游樂塲。

該校並懸有捐資興建校舍美國慈善家姓名，澳督在客廳記事簿寫上：

「稱許聖方濟各修女辦理該校教育良好。」(下略)

1.13　1974-07-01　　版次003

聖羅撒舉行結業禮

【特訊】聖羅撒女子中學，今日下午四時假該校天主教區禮堂，舉行結業典禮，屆時頒發證書，及學行優良獎並有游藝節目助興。查外界盛傳聖羅撒與曉明合併，其實並無其事云。

1.14　1974-07-01 版次：003

三間天主教學校　利瑪竇聖保祿曉明　先後舉行畢業典禮

（利瑪竇）..... (下略)

（曉明）曉明女子中學，創辦已廿餘年，前（廿九）日上午舉行高中十一屆，初中十六屆，小學十九屆畢業典禮，九時先舉行彌撒，十時典禮開始，由副主教顏儼若司鐸主持儀式，到有嘉賓，學生家長等甚眾，情況熱烈，由顏副主教致開會詞後，繼報告校務，並由顏副主教頒發各班畢業證書。各班表演遊藝，最後唱校歌，始告散會。該校現已開始招收夏令班及下學期新生，家境清貧者，且可申請減費，惟下學期暫行停開高中班，只收初中、小學、幼稚園新生而已。

又該校校長魯文鳳修女，現因調職海外，行將離澳，校務由范修女繼續主持，昨晨該校各屆畢業生及教師等舉行歡送會，該校創辦人平修女，適亦返澳參與，各屆畢業生，不少自港趕返參加，情況熱烈。

（聖保祿）..... (下略)

1.15 1974-11-18　　版次003

曉明廿一周年校慶　各地校友歸來祝賀

　　本澳曉明中學第廿一週年校慶慶祝會，經於昨（十七）日假該校禮堂舉行，到會嘉賓家長校友暨該校師生等數百人，情況熱鬧，首由全體學生唱校歌，隨後由金院長致開會詞，復次由幼稚園表演節目奏樂，及唐華祥老師報告校務，略以該校創辦已廿一年，其宗旨乃培養國民之基本教育，是故不以牟利為目的，除廉收學雜費用外，對於清貧子弟，更且減免學雜及膳宿等項費用，尤其對於清貧好學者，且供應住宿日用品及書簿等物。

　　故該校之辦學宗旨深承政府及社會人士所信賴，二十一年來，先後得澳門政府撥贈校舍用地，羅保博士捐資建築，及美國國民捐資擴充校舍設備等，而學生人數在一九六六年以前亦次第增加，惟近年以校址所在劃入本澳發展區之故，附近居民，遷徙者頗眾，抑以其他原因，故學生人數稍減，然該校向本傳統精神，為教育而教育，故散居各地之歷屆校友，偶爾回澳省親亦無不回校探問，足見其愛校精神，校方亦引以自慰。隨後有學生校友表演歌詠、舞蹈等節目，並由該校教師合唱名曲三支博得哄堂掌聲，繼後全體合唱友誼萬歲並設鷄尾酒會招待，在和樂之氣氛中賓主盡歡而散。

1.16 1975-04-18　版次003

一封公開的信　反對曉明歸併聖羅撒

　　編輯先生：

　　我等想借貴報一小部份篇幅，登刊一件事，根據澳門社會環境，貧富懸殊，貴賤相輕，我們本是貧苦平民之輩，曉明原屬平民學校，聖羅撒屬高尚學府，若兩校合併，經濟上以及學生之間有歧視，作為曉明學校學生，恐有不利，因此之故，一致反對兩校合併。

　　一羣不平的家長上

　　七五年四月十七日

不滿歸併於聖羅撒中學　曉明中學學生反對合併
昨齊集校園高呼反對並張貼標語

【專訪】方濟各瑪利亞傳教修女會決定於今年九月開始，將其屬下的曉明女子中學和聖羅撒中學合併為一，以聖羅撒為名，校內以語言劃分為中文部、英文部、葡文部三部。中文部和葡文部以現在的聖羅撒中學為校址，英文部則以現在的曉明女子中學為校址。方濟各瑪利亞傳教修女會的該項措施，受到曉明女子中學學生的反對，昨天在學校校園張貼標語，中午放學後齊集校園，高呼反對合併學校。該校部份校友昨天中午亦回到學校，反對教會的措施。

方濟各瑪利亞傳教修女會在致曉明學生家長闡述有關合併曉明和聖羅撒的函中大意稱：方濟各瑪利亞傳教修女會自參加一九七二年羅馬大會之後，發覺其本會在澳門教育工作方面人力、物力分散，曉明女中校內人數日減，聖羅撒校內校舍複雜，故應教會及本修會的要求，決定於一九七五年九月開始，方濟各瑪利亞傳教修女會於澳門地區，自此將只有一所統一學校，以聖羅撒為名，並為現讀於曉明的學生制訂下列措施：

一、現就讀曉明的學生，於下學期仍願就讀於統一後的學校者，得有權在中、英、葡三部任選一部就讀（選讀英文部及葡文部者要經過考試，選讀中文者免試）。

二、在其後三年內（由一九七五學年度至一九七七學年度完止）原有就讀曉明學校學生就讀於統一學校內者，所繳學費以聖羅撒學校學費之半為原則，雜費全部由各家長自行負責，家境清貧者，得依現曉明學校的減費方法實行減費。

三、自曉明第一屆至一九七四年度之學生（積分存根）學籍冊全部保留於統一後的中文部內，如有該校該友需各項學校證明文件，全部由將來中文部教導處負責。

四、現任職於曉明的教師們，除自願離職外，皆仍聘於中文部內任教。

五、原則上，中、英、葡三部校服應該劃一，但學生無論就讀於任何一部，仍可使用舊有校服，直至破舊換新為止。

六、學生宿舍仍留於現時曉明學校校址。

七、幼少的住宿生及新填海地區的幼稚園及一年級同學，仍讀於統一學校者，將有校車每日於現時曉明學校校園內等待接送（現時曉明學生免收車費）

八、就讀於三、四、五、六年級的曉明男生，將保送到其他學校就讀。

九、訂於一九七五年七月一日至七月五日，於現時曉明學校校務處，為該校仍願就讀於統一學校內的同學們辦理下學年度的各項註冊手續。

據說：曉明學生反對合併的主要原因，（一）他們愛護自己的學校，不想曉明就此結束。（二）方濟各修會去年曾以該校經濟不足，赤字太多為理由，要將曉明中學合併於聖羅撒中學。後來，曉明中學校友會發動籌募工作，支持學校經濟。不料方濟各修會却要將曉明中學合併於聖羅撒學校，實在令人費解。（三）曉明中學大部分是貧苦學生，如合併給聖羅撒中學，學生恐受到歧視。（四）雖然方濟各修會決定在合併後，對曉明中學的學生學費減半，但學生恐怕以後會加學費，加重各家長的負担。

目前曉明女子中學共有學生四百五十三人，初中佔三班，約百餘人，而這四百多學生，有一百一十九人是免費的清貧學生。至於該校每學期的學費分如下幾種：初小六十元；高小七十五元；初中一百二十五元。而聖羅撒學校每學期學費則是：初小一百八十元；高小一百九十元；初中二百七十元；高中二百九十元。

右圖：曉明學校曾經是羅理基博士大馬路的地標，今天的「老澳門」依然印象深刻。

圖片來源：澳門歷史檔案館

附錄二：《曉明中學1953–1974年度學生人數圖表》

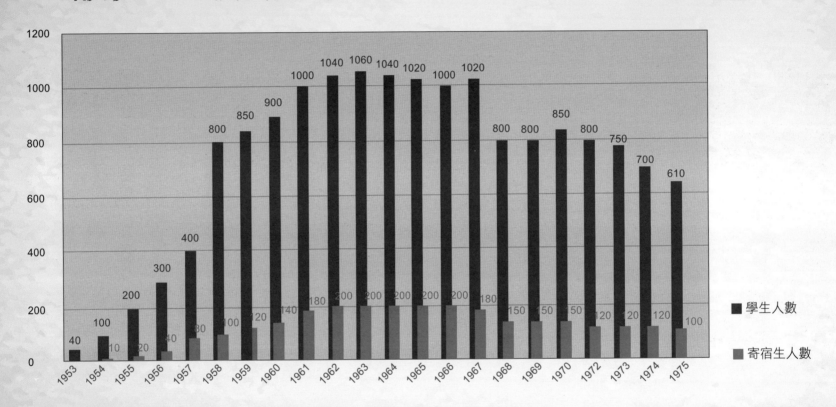

資料來源：1.《澳門曉明女子中學建校二十週年紀念特刊》記錄1953-1973學生人數。
　　　　　2. 范桂芳修女口述補充寄宿生及1974-1975學生人數。

✷　附注：
1. 1958年新校舍啟用，學生人數遽增。
2. 1962年6月29日《澳門華僑報》特訊，報導澳督羅必信中校參觀曉明中學，文中指出現有學生1060名，這是學校
　 發展的高峰期。
3. 1967年受暴動事件影響，學生人數一度下降。
4. 1974年度停辦高中，學生人數最後僅600餘。

附錄三： 澳門政府及教會文獻紀錄

白覺理總督蒞任一週年特刊（1958年3月8日出版）

▲ 特刊記載澳督主持曉明中學開幕禮
日程（見左圖1958年1月份）及曉
明新校舍落成（見上圖之兩層校
舍）。圖片說明：位於南灣之曉明
學校，舉行揭幕禮，由澳督主持啟
鑰禮，主教高德華主持聖屋禮，該
校建築費六十萬元，由羅保博士所
捐送。

Sua Eminência passa por entre as filas dos alunos das escolas católicas.

Um aspecto da concentração das escolas católicas na parada em comemoração do IV Centenário dos Jesuítas.

Por Nossa Casa 1015

maior relevo na vida da Província. Os acenos com bandeirinhas pontifícias por parte de todos os alunos das escolas católicas, em homenagem ao Enviado Especial da Santa Sé foi espectáculo que não se descreve, vive-se.

A chegada ao Paço Episcopal de Sua Eminência foi assinalada com o repicar festivo dos sinos de todas as igrejas de Macau, marcando um acontecimento extraordinário nos muros desta cidade.

«Te-Deum» na Sé Catedral

Por volta das 15.00 horas desse mesmo dia e com a Sé Catedral literalmente cheia de católicos, portugueses e chineses destes quatrocentos anos de missionário nestas paragens.

No transepto da Igreja tomaram assento as principais autoridades da Província, civis e militares, com Sua Excia. o Governador da Província à frente.

Antes do início da ...

OBRAS E REVISTAS RECEBIDAS NA REDACÇÃO

Horizonte, *Revista portuguesa de cultura* — GOUVEIA, PORTUGAL.
Índia — GOA.
Instituto, O — *Revista científica e literária* — COIMBRA.
Jornal de Cultura — LISBOA.
Juventude — LISBOA.
Livros de Portugal — *Grémio Nacional dos Editores e Livreiros* — LISBOA.
Lumen, *Revista de Cultura do Clero* — LISBOA.
Mensageiro do Coração de Jesus — BRAGA.
Missões, *Jesuítas missionários* — CUCUJÃES.
Missionário Católico, O — CUCUJÃES.
Notícias de Macau, *Diário* — MACAU.
Notícias de Portugal, *Boletim semanal* — LISBOA.
Notícias Poligráficas — LISBOA.
Novellae Olivarum — *Seminário de Cristo Rei* — OLIVAIS.
Ora et Labora, *Revista litúrgica beneditina*.
Política de Integração — *Centro de Informação e Turismo de Macau*.
Primeiros Socorros — *Ministério das Corporações e Previdência Social*.
Rally, *Revista ilustrada mensal* — SINGAPURA.
Religião e Pátria, *Semanário* — MACAU.
Revista Eclesiástica Brasileira, PETRÓPOLIS, RIO.
Revista dos E.U.A. — U.S.I.S. DE LISBOA.
Rumo, *Revista de problemas actuais* — LISBOA.
Sal Terrae — SANTANDER, ESPANHA.
Seara, *Boletim eclesiástico de Timor*.
Social — *Publicação quinzenal* — PORTO.
Sunday Examiner, *Semanário católico* — HONGKONG.
Ultramar — *Revista da comunidade portuguesa e da actualidade ultramarina internacional*.

Voz do Domingo, A — *Semanário católico* — LEIRIA.

Boletim Eclesiástico da Diocese de Macau

Órgão Oficial da Diocese

MENSAL

ANO E VOL. LXII — ABRIL DE 1964 — N.º 719

▲ 《澳門公教月刊》記載耶穌會士來華四百年慶
　典。1964年12月7日起一連三天活動。
　上圖：迎接羅馬教廷特使高若瑟樞機主教及各地
　區主教抵澳，假賽車看台檢閱一萬二千名學生。
　下圖：曉明學生參與檢閱儀式、表演花式操，
　及花車巡遊等活動。

▶ 曉明學生與教區各中學一同參與聖若瑟中學禮堂舉行的大型公教祈禱會。見《澳門教區年報》1964。

▲ 澳門教區年報1976記載，（上圖說明）瑪利亞方濟各女修會昔日的曉明中學校舍即今之聖羅撒英文中學。（下圖說明）瑪利亞方濟各各修會護士學校

▶ 曉明校名 Colegio Stella Matutina 曾每年刊登在《澳門教區年報》天主教學校名單上，見左圖1975年報目錄（右第9行）。至1976年不再出現了。

資料來源：澳門中央圖書館

附錄四：曉明開幕與結業新聞報導

➤ 1958-1-20 香港《華僑日報》華僑教育版

➤ 1956-1月20日香港《工商日報》新聞版
資料來源：澳門中央圖書館

➤ 1975年4月14日 澳門《大眾報》

➤ 1975年4月13日 澳門《華僑報》
資料來源：校友提供

▲ 1975年9月聖羅撒英文中學搬到曉明校舍，除了更改學校名，大致沿用原校設施。（原載1976教區年報）

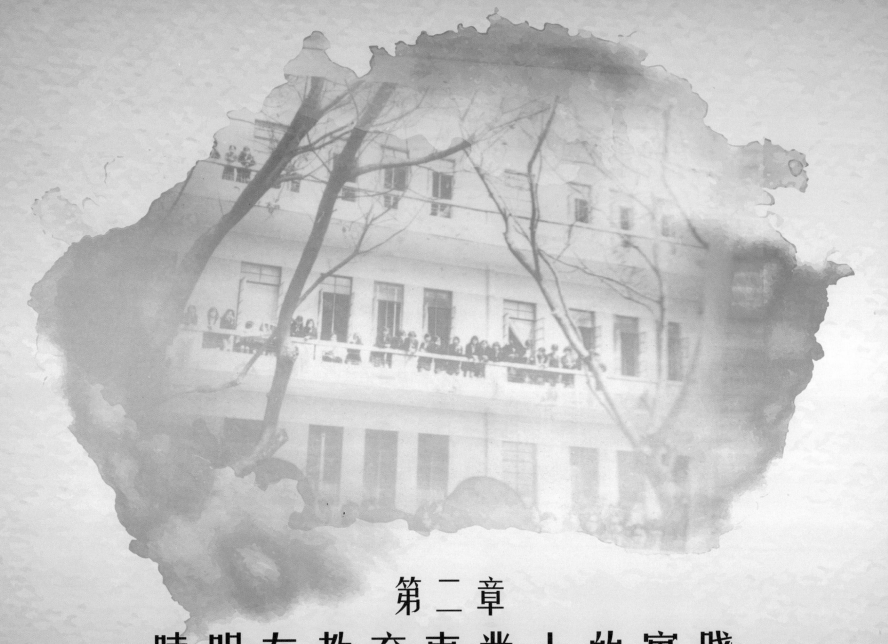

第二章
曉明在教育事業上的實踐

一.實踐平民教育

（一）平民教育的三C理論

一個世紀前，生於四川的晏陽初（1893-1990）留學美國，1920年挾耶魯大學與普林斯頓大學雙學位回到中國，數年後與一批志同道合的知識分子，告別都市，來到河北定縣的翟城村，從鄉村建設的試驗中開展平民教育運動，他持續十一年從事平民教育的實驗研究工作，為中國教育的平民化、現代化與本土化，以及整個中國社會的現代化進行探索。

在實驗研究的過程中，晏陽初的理念發生了根本的改變，他發覺，若要挽救民族，中國傳統的士大夫精英教育必須轉變為平民教育。

他為此立下決心，一不做官，二不發財，而要從事平民教育工作，把自己的一生獻給勞苦大眾。五十年代以後，他更把平民教育事業推廣到國際上，被普世譽為「平民教育之父」。

經過七十年如一日的實踐，晏陽初到晚年確立了平民教育的「三C」理論，三C就是：Confucius（孔子）、Christ（基督）和coolies（苦力）。他說：「我是中華文化與西方民主科學思想相結合的一個產兒。我確是有使命感和救世觀。我是一個傳教士，傳的是平民教育，出發點是仁和愛。」

（二）平民教育兩個定義

甚麼是平民教育？

延續中國現代平民教育的聶聖哲教授曾撰文說：

「甚麼是平民教育？平民教育是社會底層百姓子弟的教育？是打工子弟學校？其實不是。

平民教育有兩個定義：

第一個定義是指平常百姓，特別是社會底層家庭的子女都可以享受的教育，這是從教育政策角度來定義的。

第二個定義是：教育人做一個尋常的人，讀平民的書，說平民的話，長大做一個遵紀守法、勤勞、誠實、有愛心、不走捷徑、有正義感的合格公民，這是從教育哲學、價值觀的角度出發的。」

平靜修修女三十年代來華，留在東北、天津、保定等地十七年，她有沒有受晏陽初的影響？不得而知。然而她在曉明實踐的平民教育，兼具聶聖哲所述的兩重涵義，既是平民百姓、底層家庭的子女可以享受的教育，同時教育的宗旨是要學生做個守法、勤勞、誠實、有愛心、不走捷徑、有正義感的平常人。

（三）平民教育之路的開拓

五十年代，全球陷入戰後經濟大衰退中，澳門無可倖免，尋常百姓家的孩子不輕易送進學校，在重男輕女的家庭，女孩子更加沒有機會讀書，平修女辦學校就是讓女孩子可以讀書。教會撥出極為有限的經費資助失學兒童，招生目標四十人，以一年為期。其時從大陸來的新移民聚居在青洲、快子基一帶，平修女和范修女每天走路去青洲，逐一探訪家庭，費盡唇舌游說家長送孩子來上學，每個學生都得來不易。當日澳門生活非常困難，貧窮人家靠雙手作業維生，女孩子是家庭勞動力，送去上學就沒有生產，父母多不願意，有些家庭最終答應孩子來上學，只為圖一頓溫飽，因為學校提供免費膳食。

來學校除了讀書，可以吃麵包和白粥，有時添牛奶、青菜或豆類，食物主要來自美國救濟品，除了麵粉、麥粉作主糧，間中有牛奶、芝士、奶粉、午餐肉、紅豆等，提供較佳營養，對窮家孩子來說是莫大的恩惠，每天放學還有麵包帶回家，按家庭成員每人兩個可飽一餐，受惠的家庭也感到滿足。

一個學期下來，學生倍增，居無定所的孩子收容在校內住宿，狹小的校舍根本容納不下。一學年過去，連僅有的經費都沒有了，平修女以超乎常人的克難精神，堅持學校要辦下去，因為她深信，教育不但可以改變人的命運，也可以改變國家的命運。她一力承擔，赤手空拳，撐下半邊天。

跟隨平修女開天闢地的范修女憶述當時情景：

學生每天不斷增加，課室和宿舍都不夠，修女們於是動手把豬屋和雞屋改裝，加幾張木板床，孩子和牲口同住在一個屋簷下，飲用和生活所需的水源，靠屋外一口水井。每逢黃梅雨天，以及嚴熱的夏天，豬屋發出難聞的霉爛氣味，住在裏面的孩子們也得忍受。

課室不夠了，陸神父找來男工幫忙，用乾草和木板在空地上搭了兩間草棚做課室。草棚四面通風，下雨天又漏水，上課時老師和學生都要不時移位避開滴下的雨水。冬天則四面寒風，孩子們穿得像隻糭子，他們的禦寒衣物也是依賴救濟品，才能捱得過冬天。

平修女不忍心拒絕無家可歸的孩子，住宿學生愈來愈多，豬屋雞屋都住滿了人。那時候學校外面的空地有種菜，養豬、養雞和兔子，用以維持生計；在這艱難環境中，平修女堅信教育意義重於眼前生計，她下了個重大決定，菜不種了，家畜不養了，豬屋雞屋全都改裝成竹棚和木屋，用作課室和宿舍。這就是早期學生常記在心裡、掛在口邊的「燒灰爐日子」。

（四）平民教育為所有人服務

在燒灰爐的簡陋校舍，曉明五年間收生達三百人，收的都是窮家子弟，家長有能力的每月交一元，無力負擔的費用全免，許多父母希望送孩子來讀書減輕家庭壓力，學生人數激增已非學校所能承擔，平修女帶領學生在窘迫的環境中，設法尋找延續生存的空間，以極大的忍耐精神逆來順受，等待上天賜與的機遇，興建一間獨立校舍，這個願望等了五年終於實現。

羅保捐贈的新校1958年落成，地方寬敞，設備優良，有條件廣招學生，提高收費，但曉明仍維持原來的低廉學費，升中按情酌加至月費2元。直至1961年開辦高中，高中需要聘請專科老師、增添教學設施及器材，而一班學生人數有限，於是調整學費，高中增加至每月5元，收支亦難以平衡。

當日的5元是甚麼概念？按照那時候的物價指標，白米一斤5毫子、麵包、西餅1-2毫子、綠寶橙汁、屈臣氏哥喇（汽水）2毫子、一碗孖水（湯粗麵）2毫子、細蓉（雲吞麵）5毫子；看一場電影，三流戲院大堂前座1元起，高級戲院超時大電影票價可高達4元或以上；六十年代，幾千元就買到一層樓，不過當教師的月薪一般只有百餘元，勉強維持一家溫飽。

七十年代澳門經濟起飛，物價指數飆升不下十倍，一般家庭環境轉佳，部份學生來自較富裕人家，但平修女訂下的收費標準沒有改變，總是同級學校的一半或以下，依舊減免學費食宿費，無間斷地照顧有需要的人，始終貫徹平民教育為所有人服務的宗旨。

正因為曉明標榜的是平民教育，平民教育不單是為平民服務，是為所有人服務，從燒灰爐的克難時

期，到擴充校舍積極發展的年代，學校一直保持一個平民化的生態環境，無論你出身甚麼家庭，交學費或不交學費，只要踏進學校的大門，學生一律平等，任何驕矜跋扈、欺凌弱小的行為絕對不容許；從學校的大門出去，每個學生都要勤奮上進，做個平凡而對社會有貢獻的人。

平修女的創校精神，不僅是一種無私奉獻，更難能可貴的，是她豁達的胸襟和廣闊的視野。她的目光看得很遠，著眼之處，學生不是單一個體，一個學生背後是一個家庭，家的背後是一個國體；修身以齊家，家齊而後國立，國立而後天下平，因此她十分重視中國的倫理觀念，孔孟對大同之世的理念一脈相承，那就是《禮記•禮運篇》說的：「大道之行也，天下為公。選賢與能，講信修睦，故人不獨親其親，不獨子其子，使老有所終，壯有所用，幼有所長，鰥寡孤獨廢疾者皆有所養。」這才是平修女辦學的初衷。她的大同世界觀，在課堂上、生活上、個人修為上，以及對學生的潛移默化中逐漸體現。

二. 實踐文化教育

曉明的學校教育是全面的，她給予學生的，不單是傳授書本知識，還要教做人處世的道理，學習面對人生路上的種種誘惑和挑戰，教學生懂得追求真理，明辨是非，知所進退，有所為有所不為。韓愈《師說》有言：「師者，所以傳道、授業、解惑也。」曉明學校真正做到「師者」應有的本份。相對於「授業」，更著重的是「傳道」和「解惑」。

在平民教育的概念中，學校不是培養精英學生成就偉大事業，而是教導學生做個正義的好公民，為未來建設健康和樂的社會。因此曉明自創校之初，即著重學生的文化修養，行為表現重於考試成績。從學校獨特的課程設計，可見文化教育的特色。

（一）習書法正衣冠

中國書法是漢字的書寫美學，以線條為美學的表現形式，在世界藝術中獨一無二，古今書法家都認為，書法出自乾坤奧秘，本質與禮樂相通，是極具中國文化特色的藝術。習書法講求專注和定力，無論氣度沉穩的楷隸或筆觸急勁的行草，都要專注和定

力。寫字和做人做事道理相通，在漫長而無間斷的練習中，不但鍛鍊恆心和毅力，更能頤養性情，變化氣質，是一種性格的磨練，心靈的修養。

澳門在五十年代仍有很多學校重視學生書法，毛筆字是一門普及作業，曉明特別嚴格執行，書法以楷書入門，是學習專注和定力的基礎，學生自小一入學至高三畢業，大小楷是每天必交功課，一年三百六十五天，除了考試期間豁免，寒暑假也是一天不少。

除了大楷、小楷日常功課，由高小至高中的「作文」用毛筆書寫，國文科的考試測驗卷，全部要用毛筆作答。字體端正，說明考生精神集中，思路清晰，胸有成竹；老師批考卷，未看答題對錯，感情上已加了印象分。所以同學們的毛筆字，即使不美，也不敢草率。

字為人之衣冠，因有書法基礎，很多同學都寫得一手好字，由毛筆至常用的鉛筆、鋼筆，以及後來普及化的原子筆，點線之間，勾劃的是溫良端莊的女性形象。

（二）讀四書明道理

國文科，除了一般語文讀本之外，高小五年級開始，每週加兩節「四書」選讀。五年級讀《論語》，六年級讀《孟子》；初中讀古文、唐詩、宋詞、元曲；到了高中，讀《大學》、《中庸》、《禮記》，並按照文學發展史的進階，由詩經到歷朝古典文學以及傳世篇章，由國文老師自編教材廣為涉獵。

小學生讀四書，字裡行間常見的名詞就是君子和小人，兩者沒有明確定義，只記得一個解釋：「德勝於才謂之君子，才勝於德謂之小人。」老師不講解深奧的道理，卻要求每篇背得滾瓜爛熟，在大腦留下深刻記憶，隨著年齡增長，記憶推動思考，自然領會古人的訓示，悟出當今做人的道理。

除了四書，值得一提的是「尺牘」。「尺牘」是小學四至六年級科目，教導應用性的信函便條等書寫法則，讓學生從小知道輩份有尊卑，長幼有次序，認識君臣、父子、夫婦、兄弟、朋友的關係，由是懂得飲水思源，尊師重道，學會對人應有的尊重和禮貌。

初小語文除了國語課本，還有輔讀的啟蒙課本《千字文》、《三字經》、《幼學詩》等，由老師導讀，背誦為主，「天地玄黃，宇宙洪荒」、「人之初，性本善」……小孩子琅琅上口，幼年不明所以，長大自然解讀。

小學五、六年級還有一科「公民」，教人認識國家和社會，認識個人與群體關係，為何要遵守公共秩序？公民的權利和義務是甚麼？教小學生明白，將來建設國家、貢獻社會，先從做個好公民開始。對於生長在殖民地，沒有具體國家觀念的澳門學生來說，這一科公民教育非常重要。

（三）學國語愛國家

五、六十年代，國語流行曲尚未風靡一時，港澳地區不流行「國語」（當年尚未知「普通話」一詞），廣東話是普及的母語，國語只見諸「邵氏」和「長城」的電影，林黛、趙雷、李麗華、傅奇、夏夢等偶像明星遙不可及，這個時候，平修女就已經要曉明學生學「國語」。曾以小學五年級做試點，從注音符號、聲母、韻母教起，每週一堂正規地教，學生不用考試記分。可是，陌生的符號，生硬的發音，學習非常困難，上課無興趣，下課忘得一乾二淨，在校內以至校外，完全沒有講國語的氣氛和環境。一個學期沒有成果，平修女不肯放棄，重新檢視教學方法。

為甚麼要學國語？為了讓學生明白，她苦口婆心，通過課室的廣播向全體學生游說勸喻，最是印象深刻的一段話：

「澳門是你們的家鄉，廣東話是家鄉的母語，中國是你們的國家，國語是中國人的母語，你們必須學會，將來你們在世界那裡跟外國人說話，講國語才代表你中國人的身份。你們都會中文，學國語有甚麼

（按：自七十年代，「尺牘」被語文科附錄的「應用文」取代，教材內容兩者相近，唯應用文著重於文書上的應用，忽略了尺牘本來的教化功能。其後語文科再度調整，連應用文都不復見了。）

難？現在學會了，一生不會忘記。你們是中國人，要以中國人為驕傲，以後你們要驕傲地對人說：我會講國語，我是中國人！」

平修女一生奉獻給中國，從戰爭到和平，與國人一起度過苦難的年代，這番話道出她對這個國家的尊敬和熱愛。她教學生愛自己的國家，苦心孤詣讓優秀的傳統文化在中國孩子身上承傳，修女那份赤誠的愛是叫人感動的。

第二年，她把責任交給中學國文老師，凡國文科目用國語授課。國文老師很多來自中國大陸不同省籍，國語本來就是日常溝通的語言，這一著是用嬰孩學語的自然模仿方式，從「聽」開始訓練，只要聽懂了，耳軌順了，嘴巴自然會跟著講，學生不用刻意學國語，上課完全沒有壓力，反而都學曉了。國文老師因勢利導，成全了平修女要學生學國語的美好願景。

「聽國語讀國文」成為國文科上課模式，初中三年，高中三年，六年的訓練，不知不覺間學會了常用的國語。中國改革開放後，開創市場經濟新格局，南來北往，互通有無，普通話成為內地和港澳人士的共通語言，語言溝通有利於掌握商機。平修女高瞻遠矚，當日堅持教國語，給她的學生增添了運籌帷幄、捷足先登的條件。

三．實踐道德教育

（一）克己復禮為仁

中國自古崇尚禮儀，從社交儀節體現人與人之間交往的禮貌，一種約定俗成的行為典範。禮貌的本質是什麼呢？就是體諒、照顧他人的感情。中國人的禮貌源自追求心靈生活的情感意識，帶著這份情感，很容易將心比心、推己及人，展示體諒他人、顧念人情的禮儀特質。

中國自詡為禮義之邦，禮是甚麼？義是甚麼？用現代的簡單定義：「禮是規規矩矩的態度，義是正正當當的做人。」對曉明學生來說，抱著待人以寬、律己以嚴的態度，人人遵守禮法，這便達致孔子所說的「克己復禮為仁」。

學校二樓中走廊有尊聖母像，每逢五月聖母月、十月玫瑰月，聖母腳下擺放一個小藤籃，裝滿各種顏色的神花，學生幾時經過，隨心之所至順手取一枚。

打開來看，內有格言一則，神花指引的是自我反省自我克制，心中發願默默遵行，努力做到最好，這是對聖母的承諾，信守不渝。同學們稱之為「做克己」。

神花從何而來？是前一天晚上幾個寄宿生犧牲散心時間（註）準備的，她們用不同顏色的紙張剪裁成小片，寫上一句自律的格言，或者一個美好的願望，摺成可愛的小花，獻給聖母。一朵神花代表一個心意，格言是學生自由創作的，主要針對學生常犯的過錯，提示同學糾正缺點，改善行為，修養品德，助人為樂等等，基本上是課堂上老師惇惇善誘的教誨，結合信仰精神。神花並非揭示甚麼大道理，都是日常生活小節，字句通俗淺白，小學生都看得明白。由做神花到做克己，皆由學生自己思考、自己實踐，全程沒有干預，沒有監管，在絕對自由和自主的氛圍中，學習自我檢討，自我約束，自我改進。

※ 註：寄宿生規矩，每天晚飯後半小時自由活動，不進課室不返宿舍，隨意在校園散步、三五成群談天說地、玩遊戲、講故事，讓不能回家的孩子得以交朋結友，抒發情緒，過愉快的集體生活。這個時段稱為散心時間。

平修女在校時，每週為高三班上一節「德育」課，她認為一個讀書人除了要有治學精神，還要有做人的規範；女孩子要入得廚房，出得廳堂。她親自講解社交禮節，示範女孩子坐立行走的儀態，教女孩子怎樣穿著為之端正，怎樣舉止為之優雅，在社交場合，衣著端裝、打扮得體是對人的基本禮貌。平修女平日穿著保守累贅的會衣，外出更要加上厚重的披風，從頭到腳全身包裹，但是，她無論在校內校外，行走或坐立，與人交談或獨自沉默，都流露一種高貴的氣質和風度，使人欣賞，這就是她的儀態和修養的體現。

她告訴學生，人的美麗是表裡合一、從心而發的，心靈上的平安和滿足，會在我們的身上散發美麗的光采。她又說：「我們雖然生於貧窮，但是要活得高雅，我們現在克制自己的物慾，是為累積未來的財富，我們修養自己的品德，是為樹立高尚的人格，有了這些基礎，我們的將來無論在生活上、精神上，必然得到富足，這種富足就是中國人講的福氣。」她的崇高理想，是把學生都調教成為淑女，如詩經首篇所詠的「窈窕淑女，君子好逑。」

《詩》始於《關雎》，《易》基於乾坤，《書》說：「夫婦之際，人道之大倫。」《漢書‧匡衡傳》：「匹配之際，生民之始，萬福之源。婚姻之禮正，然後品物遂而天命全。」孔子論《詩》以《關雎》始，以之為綱紀之首，王教之端。平修女沒有研究中國古典文學，但憑一個平常人的思維，以及對中國文化的認同，她的教育理念，完全符合中國人的傳統價值觀。

（二）師生奉行忠恕之道

為人謀為「忠」，推己及人為「恕」，「忠恕之道」是孔子學說的核心，「仁」的具體運用。曉明的校訓是「行仁以義」，仁在心間，義在行為，是求仁的正路。平修女長年在中國服務，尊重中國傳統，她認同「仁義」兩字是中國五千年文化的結晶。

當年曉明創校，條件所限只辦一至四年級，初小學生那懂得甚麼仁義之道？原來平修女一開始就把目標放得很高很遠，她要建立的是一所正規的學校，為平民子弟提供完善的基礎教育，藍圖早已了然心中。她以身教代替言教，為學生立下楷模，仁義之道，由小學教育開始。

五十年代的澳門師資不規範，學校沒有統一制度，對老師沒有嚴格要求。很多老師來自大陸各地，有教育專業人士，有不同工作背景，來到澳門為謀生而教學的也實在不少。平修女接納這些知識分子，他們憑經驗和良心執教，課堂上各師各法，學生年齡又有參差，領悟因人而異，老師大抵都是因人施教。教學章法雖有不同，都抱持敬業樂業的精神，受到學生敬重。

　　時至今日，仍有人記得小學時在燒灰爐一些很受歡迎的老師，例如教國文的辛師仁老師，學生記憶中：「她講課很動聽，課文教得明白易懂，每篇都令學生印象深刻，對人又和靄可親，而且非常愛護學生，全班同學都喜歡她，因此上國文課特別專心。」

　　教歷史的陳一荷老師——「她很專業，有一套正規教法，講課很有系統，解釋細膩詳盡，個別同學有不懂的就逐個教，直至全班人人都明白，她對學生一視同仁，從不偏私，同學特別尊敬她；陳老師也教做人道理，教學生獨立思考，看事情要看全面，她的話很有啟發性。」

　　到60年代初，曉明遷入新校舍，學生記憶中還有國文老師陳家瑩、地理老師吳一也，以及不少記得容貌記不起名字的老師，都很受學生歡迎，課堂有聲有色，趣味盎然。這些老師對學生的成長影響很大，許多人和事，在小孩子心底裡留下美好印象，童年記憶伴隨著學習心得，完善了他們的人格成長。燒灰爐的日子逝去逾半世紀，雖然沒有機會再見，但學生仍清晰記得老師當時的風範，嘉言懿行常在心中。

　　隨著學校發展，逐漸增聘師範畢業的老師來校任教，新老師有一套規範而新穎的教學方法，學生容易接受，學習成績顯著；相比之下，一些老師顯得落伍了。有學生開始抱怨，老師不能與時並進，擔心學業被躭誤。曾有個別學生向校方投訴，校長魯修女的回應是：——

　　「老師儘管有不足，應該包容、體諒。知否學生其實有許多不足，老師一直默默地包容和體諒，遇到特別有問題的學生，還要忍耐甚至忍讓。老師從來不會放棄學生，那有學生放棄老師的道理呢？凡事設身處地，推己及人，我們要有寬宏的量度，包容別人的不足。」

就是這個結論。尊師重道，畢竟是曉明人根深蒂固的傳統。

曉明師生之間甚少隔膜，彼此傳遞一種交心的訊息：「多想想別人的優點，多想想自己的缺點，拿出誠意來待人，才會有真心的朋友。」這種反省思維，不就是曾子說的：「吾日三省吾身，為人謀而不忠乎？與朋友交而不信乎？傳不習乎？」老師以君子之交引導學生，一起奉行儒學的忠恕之道。

（三）誠信為做人之本

學校經費不足，為節省開支甚少僱用員工，校內幾位修女都要入得廚房出得課堂。忙不過來，只能找學生充當助手。奇怪的是，做義工的學生覺得與有榮焉，義務當成一份責任，盡忠職守，全力以赴。

校長魯修女的辦公室兼賣文具，出售學生常用的作業簿、筆記簿、小冊子、紙筆墨等，小息、午飯時間和放學後，就是所謂「賣簿」時間。「賣簿」採用獨一無二的開放自助式，校長室門戶常開，錢箱就放在窗沿小桌上，沒有人在的時候，學生自取簿本，自己把錢丟進錢箱，從來沒有人少放一分錢；如果零錢不足需要找贖，轉頭再向魯修女討回，你說多少是多少，從來沒有質疑，月底結算，分毫不差。有幾個和魯修女要好的學生，特別喜歡這份差使，誰有空暇就來校長室，賣簿，點貨，收銀，數零錢，記帳，比魯修女還在行。

再說管廚房的何修女，負責修女和宿生近二百人伙食，一日三餐，廚房只有她和兩位煮飯的嬸嬸，從早忙到晚。其後加開小食部賣零食飲品，小息時間人流如注，何修女實在應付不來，也是請學生來幫忙小賣，收錢丟進錢箱，沒有人質疑數目對或錯。有宿生出好主意，早晨白粥有銷路，自告奮勇拍檔二人組，每日天未亮起床，睡眼惺忪到廚房下米煲粥，碰到測驗時間，一面熬粥一面讀書，煲好一鍋粥才準備赴試場。煲粥如此重要，因為沒有人替工，做人做事講誠信，既然接下了任務，就不能藉故推搪塞責。

學生除了負責校舍清潔，也自願為老師分擔一些瑣碎的事務，一旦承諾了，無論在那個崗位上都是自動自覺，做到最好。在曉明特殊的訓練中，學生學到

的是誠信與承擔，為學校服務不單是一份責任，也是一項榮譽。

　　曉明上下都知道，誠信為做人之本，沒有人敢逾越這個底線，這是學校長期實踐的不成文校規。曉明教育的其中一個特色就是「放任」，學生手冊裡面沒有明列的校規，那些該做那些不該做，任由學生獨立思考，自行判斷是非對錯。學校的開放和信任，換來學生對規矩和戒律的尊重；放任的自由換來自覺和自律，最終回歸合理的行為規範。

（四）貧而無諂自求多福

　　平修女最早的辦學經費來自慈善撥款，曉明的校舍來自羅保博士的慷慨捐輸，其後學校多次擴建，都是籌募所得。每次為達成目標大張旗鼓，慈善家的名字都刻在銅鑄牌匾上以鳴謝，然而這些牌匾從來沒有人在意。學校大門外牆壁上有塊黑色的大理石牌匾，歷屆學生畢業照都在大門石階上拍攝，很少人知道這是鳴謝羅保博士為曉明奠基的紀念；還有多個鳴謝牌匾安置在甚麼地方，沒有人說得出來；進入三樓禮堂，誰都不會抬頭看，門楣上鑲嵌的是獨力捐助半層校舍的Mrs Birds的鳴謝牌匾。

　　平修女告訴學生：「學校雖然很窮，但我們活得很好。很多人幫助了我們，給我們很好的學校，感謝他們的仁慈，應該好好讀書，愛護學校，以後的日子，還是靠我們自己的。」曉明的恩主很多，平修女從來不向學生提及，對待善長仁翁，她的態度總是不卑不亢。

　　平修女認為，教育事業為社會培養人才，資源應來自社會，她以慈善捐獻為社會責任，取諸社會，用諸社會。在她的理念中，施恩不是施捨，不應附帶任何條件，學生莫須有不必要的心理負擔。她一方面努力不懈尋求熱心人士捐助，一方面帶領學生實行簡約生活，同時以勤勞手作換取生活所需。她靈活運用人力資源和救濟物料，修女巧手縫製的衣物和家居飾品，學生課堂上練習的繪畫、頭紗、刺繡等功課，這些工藝作品定期拿去義賣，又不時舉辦電影籌款、抽獎籌款、晚會籌款，用盡各種開源節流辦法，教學生在窮困中自力更生。「貧而無諂，自求多福」正是她和曉明學生的寫照。

即使到了經濟繁榮的七十年代，曉明部份學生家境依然貧困，十元八塊的學費也不容易付出。學校規定月中那些日子交學費，沒有人催促，學生自動往校務處繳交。若有欠交學費的，從不會公開學生名字，更不會在全校廣播中指名道姓限時追繳，班主任老師會私底下向學生了解情況，若發現家庭經濟有問題，就會跟修女商量，設法提供幫助。在曉明，學生和老師的尊嚴同樣受保護，也因此換來師生對學校的尊敬和愛戴。

四. 實踐生活教育

（一）勤勞之道

曉明學校由始創時期到蓬勃發展階段，一直與「貧窮」掛鈎，也因為這個緣故，學校從來沒有請校工，清潔校舍的任務落在學生身上，形成了「做本份」的不成文規定，學生當校工，在當年是絕無僅有的。

三樓宿舍以及禮堂和聖堂，由寄宿生負責，修院禁地修女自理，一樓至二樓兩層校舍，由高小至高中數百學生分擔，早晚清潔一次。每週課室大掃除以比賽形式進行，老師評分，授以冠亞季軍錦旗，週而復始，值日生戮力護冕，高懸的錦旗是全班的榮譽。校舍雖大，數百人分工，每個人付出的勞力其實很少，卻發揮了分工合作的群體力量，共享勞動成果。學校上下裡外長年保持窗明几淨，一塵不染，學生引以為傲，以之為份內職責，稱為「做本份」。當中的動力來源，來自家的觀念。當代家庭多以勞力換取生活，勞工神聖，勤勞是美德，學生身體力行，體驗家務辛勞。平修女說的，現在打理好一個班房，將來就能打理好一頭家，她教學生愛護學校如同自己的家。

學校早期都是窮學生，放學回家要幫忙作業，搓炮（仗）、扎炮（仗），釘珠片，織冷衫，穿膠花等等，都是手工業年代勤勞婦女的家庭副業。生計為

先，學業為後，很多時趕貨到三更半夜，犧牲睡眠時間來讀書做功課的苦學生大有人在。燒灰爐的寄宿生，平修女設法到工廠領些散件發給學生，幫她們賺零用錢。做唸珠也是副業之一，曉明學生手藝出色，做工細緻，精美耐用，很受買家歡迎，據説一串唸珠工價一毫子，巧手勤快的，一個星期連假日可完成三幾串，賺幾毫子好開心，手慢的收入少些，有得做已經很滿足。

勤勞的美德在曉明傳承而且發揚光大，修女們勤懇節儉，無怨無尤的生活態度，感動了全校老師，修女和老師攜手同心，為學生立下楷模。在曉明，懶惰的老師甚少，勤勞的學生甚多，勤勞使她們學到很多課堂之外的道理，一理通百理明，學習成績更勝一籌。

（二）管理之道

校內的學生組織有「自治會」和各級的「班社」，從社團的運作中，學習層級管理的概念，汲取行政事務經驗。更重要的是，從管理別人學會管理自己。

「學生自治會」屬訓育主任范修女管轄，由中學部各級班主任挑選兩至三名精英學生加入，組成約三十人的自治會，管理全校學生每天上學放學秩序，編排、調配及監管各班級「做本份」的項目。自治會員各有執勤崗位，上課前、放學後，負責監察學生活動；學生有爭執，要排難解紛，主持公道，使大事化小，小事化無。自治會並協助執行訓導處頒佈的指令，具有權威性和指導性，全校學生務必遵從。

自治會是服務團隊，學校賦予的是責任不是權力，她無形的力量來自同學的尊重。自治會每次通告某些事項規章，沒有説明罰則，籲請同學自律遵守，最後常附注一句：「請同學自重。」

「自重」是自我尊重，在尊重別人的基礎上獲得尊重，包含是非對錯的自覺自省。「自重」兩字超越了賞和罰，引伸為恪守校規的流行用語，曉明的管理之道就是：尊重和自重。

「班社」自中一起同級各班共同創立，終身從屬，即使你沒有升中，或中途輟學，同班同學皆從屬一個班社，有不可分割的同窗之義。班社由同學自選社長、副社長、文書、財務、康樂等職，自行籌集班社經費，用於舉辦節日聯歡，才藝話劇歌舞等表演，又積極參與學校籌款、校際比賽及公益活動，是

一個有效運作的經濟實體。此外，由學生自辦的嘉年華會，每班設計不同的攤位遊戲，為同學帶來歡樂之餘，也為班社帶來進帳，頗有現代社企模式。這個班社編制行之有效，至今數十年運行不息，維繫著散居各地校友的情誼。

1963年曉明辦到高中二，還未有高中畢業班，應屆蜂社初中畢業同學，感於驪歌高唱後便要勞燕分飛，部份同學即將停學或轉學，為珍惜友誼留下美好回憶，計劃編製一本同學錄作為紀念。同學們集體行動，身穿校服分成小組，到大小商戶徵求廣告贊助，竟然籌足成本經費；文筆好的負責編寫，美術好的負責設計，群策群力之下，曉明第一本畢業同學錄於是誕生了。

翌年第一屆高中畢業，旭社同學不甘後人，同樣以徵收商業廣告方式籌集經費，編製畢業同學錄，自此，同學錄成為畢業班傳統要務，每屆接力製作。1974年最後一本同學錄，破例集高中第十一屆、初中第十六屆、小學第十九屆畢業生於一冊，最後附錄的各類商業贊助廣告，大大小小整整排滿二十九頁全版，包括承建曉明學校的有成建築公司、長期支持曉明的澳門旅遊娛樂公司、曉明鄰居大業行、淘化大同綠寶廠、可口可樂，以及各家銀行、出版社、書店、餐廳、酒樓、金銀首飾、時裝皮鞋、印刷公司、

貿易公司以至小商店，可以想像過去十年同學錄的經費皆源於社會，足見各界對曉明學校的熱心支持和衷誠愛護。

一本同學錄，不但讓同學認識刊物從無而有的製作過程，以及接觸商業市場的交易活動，而更重要的是，歷屆同學錄的出版，成為曉明學校的歷史見證。

（三）持家之道

曉明一開始就以一個大家庭的模式管理學校，當寄宿學生愈來愈多，一個舍監修女管不了那麼多人，於是設計出分組管理的辦法，全部宿生編成多個十人小組，年齡較大的做組長，負責管理一組人的起居作息及個人衛生，指導讀書做功課，監管行為，疏導情緒，教她們和睦相處；又為年幼組員管理零用錢，星期天帶出街購物，適時添置必需品，有如大姐姐帶著年幼的妹妹，父母不在身邊的時候，姐妹守望相助。

一組人來自不同背景的家庭，年齡不一，性格不同，各有脾氣，怎樣使大家融洽共處？大姐姐從師長身上學到以身作則，引導小妹妹一起來關懷別人，扶持弱小，有缺點要包容，有過失要寬恕，知錯能改，善莫大焉，像一家人體貼溫暖。如此上行下效，身教非常成功。

於是宿舍匯聚了很多個小家庭，持家之道沒有法章，組長出自真誠的愛與關懷，贏得組員的擁戴。隨著年齡漸長，有一天小妹妹晉身為組長，取法大姐姐的持家之道，應用到她的小家庭身上，如此代代相承，積累成為曉明傳統的家法，那就是：慈愛，寬容，誠實，講義氣，勇於承擔。

平修女交遊廣闊，會客室是她專用的地方，室內空間有限而佈置優雅，接待過不少達官貴人。她挑選三幾個得體學生，教她們接待客人的禮儀，身上一襲厘士滾邊雪白圍裙，是身份象徵，有客到訪便是實習時間。接待訪客除了要儀態大方，舉止優雅，還要學習會客室管理，由房間的裝飾擺設到座位主次排列，以至餐桌茶具的擺放，都要安排得有條不紊，主客分明。經此訓練者莫不表現出眾，為同學所欽羨。

以校為家的寄宿生畢竟是少數，平修女希望所有學生能夠在學校培養家庭責任感。她常對學生說：「在學校你們是這個家的一分子，離開學校之後，將來是一個家的女主人，現在就要學會怎樣管理一個家。」因此凡與家事相關的，都讓學生有所接觸，家居清潔「做本份」固然是重要一環，「烹飪」和「裁剪」，也是家庭主婦不可或缺的本事。這兩門功課專為高中生而設，在週末下午時間，兩科交替上課。

烹飪課在校內設備齊全的西式大廚房，何修女兼任導師，每堂選一個熱門食譜，炸子雞、焗蛋糕、蝦多士……，她教學生準備新鮮食材和配料，預先做好前期功夫，堂上再講解炮製方法，製作過程幾乎一手包辦，學生只管看和吃，輕鬆愉快又一堂。

學校的車衫房備有多部縫衣機，專業的郭老師很認真地指導，設計款式、量身、劃紙樣，教學生選料、配件，一絲不苟。幾個學期下來，製成品有襯衫、長裙、西褲、外套、大衣，一家人的穿著馬馬虎虎可以應付了。

照顧家人，清潔家居，煮飯、縫衣，這些都要一雙巧手，曉明訓練學生善用一雙手，充實女性自身的條件，有助於建立一個理想家庭。持家更重要的技巧在於維繫一家人的關係，課堂教的是技能，灌輸的是思想和概念，如何建立一個和諧幸福的家，才是女主人真正的智慧。

（四）謀生之道

曉明學校經濟獨立，沒有官方資源，自供自足才能生存下去。學校養育數百學生，照顧她們衣食住行無一或缺，負起一個大家長的責任，所以第一個要謀生的就是平修女。

儘管節衣縮食，卻因收費低廉，兼且免費名額日增，長期入不敷支，她深明天助自助之理，欲求上天福蔭，先要自己努力「搵錢」。在燒灰爐時期，靠救濟品過活，種植蔬果佐饍食，唯一收入是勤做手作工藝賺取生活。因此曉明建校之初即設手工房，開發一條生產線，不任教職的修女在此勤勞工作，縫改救濟衣物，製成實用的衣裙、童裝、圍裙、被鋪；針黹好的做刺鏽、神父祭衣配件、聖堂祭台鋪墊等。學生自然也加入生產大隊，一週兩節的手工堂，做頭紗、十字繡、抽紗挑花的餐巾枱布，還有美術堂的學生畫作，范修女繪畫的作品，寄宿生幫手剪貼的自製聖誕卡，這些製成品都用來換取學校經費。平修女不要平白向人伸手，而以生產力賺取應得的酬勞，這就是她的募捐籌款哲學。〔附錄五：檔案資料 2.1-2.3〕

課堂以外，平修女很有辦法取得一些著名電影版權，在學校禮堂放映，學生賣電影券籌款，兼且可以看電影，一舉兩得。又向商戶募捐贈品，儲存到一定數量，便由學生銷售慈善獎券，請知名人士來校公開抽獎，原來這種籌款方式很受歡迎，還吸引記者來採訪，得獎號碼刊登在報章上，有正面回應。〔附錄五：檔案資料　2.4-2.5〕舉辦歌舞籌款活動，學生都積極參與，曉明人才出眾，才藝表演備受讚賞。

按：平修女離校之後，慈善抽獎活動已不常舉辦；有趣的是，商營機構以抽獎活動招徠顧客的作風反而興起。〔見附錄五：檔案資料 2.12〕

學生的手工物料、繪畫材料、英語教材等多向外地慈善機構募捐而來，僑委會也定期發送課本，免費供應貧困學生。教區救濟中心定期發放糧食衣物救濟品〔附錄五：檔案資料2.6-2.11〕，也有善心人捐贈蔬菜罐頭米糧，寄宿學生粗茶淡飯可得溫飽，這都是平修女四出張羅所致。但是，無論怎樣開源節流，學校經濟依然捉襟見肘，甚至不夠支付老師的薪金，三幾個月，平修女總要向慈善家伸手，所恃的是曉明良好的校譽。每隔半年，她會離開澳門一些日子，近至香港遠至歐洲，風塵僕僕到處尋找她的恩主。

平修女維持這個家殊非易事，從她身上看見人類的求生本能，在逆境中激發潛能，為人之所不能，所以在順境時要給自己創造條件，充實自己，裝備自己。平修女的榜樣告訴人，學識豐富、才德兼修的人，無論身處任何景況，心中都充滿信念。《周易》的「厚德載物」，「自強不息」，就是曉明人的謀生之道。

曉明初期由小學辦至初中，以當時社會狀況來說，初中畢業已經完成很多女孩子的夢想。事實上多數學生無法升學，要負起家庭責任，平修女希望幫學生尋找更好的出路，在常規課程外加設一些技能培訓，如實用的打字、縫紉，以及興趣主導的彈琴、唱歌、舞蹈，一技之長有助於謀生。校內有多個琴室，音樂老師收廉宜學費教鋼琴，學生分配時間每天練習；有志音樂發展的，並免費保送庇護十世音樂學院進修。

畢業生若有志從事教育工作，推薦到聖若瑟幼師學校繼續學業，兩年取得幼稚園教師專業資格。

　　值得一提的是，曉明隸屬的瑪利亞方濟各傳教修會，1965年開辦護士學校〔附錄五：檔案資料2.13〕。原來平修女來澳門首先創辦的是庇護十二世醫院（註），規模雖小，當年在醫療物資極度匱乏下，挽救了不少潦倒街頭病患者的性命，醫護救人是神聖工作，她希望給曉明學生多一個職業選擇。那一年修院成功開辦護士學校，校舍在山頂醫院毗鄰、背靠曉明學校，招收初中畢業生，四年培訓後投入山頂醫院服務。此後曉明初中生除了升高中、讀師範，還可以選擇護士專業。

✸ 註：庇護十二世醫院位於主教山學校巷3號，於1953年開辦，為貧民提供醫療服務二十餘年，1976年改變用途成為庇護十二世托兒所，服務社會三十三年，2009年因經費不足結業。

升讀師範學校和護士學校的
曉明學生返校探訪平修女

五. 實踐愛的教育

（一）儒學與基督精神的接軌

澳門是天主教傳入中國的門戶，明萬曆年間耶穌會士利瑪竇來華(註)，終其一生鑽研中國文化，從這個古老深厚的文化體制中，尋找東方道德哲學與西方自然哲學的接軌，最終他發現儒學與基督信仰的共通處，就是以「天」為生命的主宰，華夏民族數千年敬畏、尊崇及奉行的天命，就是他們的信仰。「天人合一」的哲學思想，以至人生觀、道德觀、價值觀，與天主教理非常脗合，兩者殊途同歸，總結為「敬天」和「愛人」兩個人生目標。

平修女熱愛中國文化，以儒家精神傳揚基督信仰，是「天人合一」的實踐。

（二）校園撒播愛的種子

平修女1935年到中國傳教，與中國人一起經歷內憂外患，活在貧窮、災難、硝煙戰火之中，她相信人經過最大的考驗才能發揮最大的力量。1952年來到澳門，決意興學扶貧，她深信：知識改變命運，教育改變國運。

她畢生的工作，就是在中國的土地上撒下愛的種子，以信仰推動愛的傳揚。曉明的教育從愛出發，有教無類，在這個信念下，多頑皮搗蛋的學生，只有訓斥、再訓斥，不曾被開除或嚴厲處分；成績太差要留班、再留班，最終也能畢業。受修女影響，老師都以寬宏的態度厚待學生，忍耐多於動氣，啟發重於責罰。在曉明學生的印象中，修女像家長，老師如朋友，同學是姊妹，校園像個相親相愛的大家庭，這就是校園播種的愛的教育。

學校結束數十年，曉明校友身體力行，愛的種子已經發芽生長，欣欣向榮。澳門博物館隆重舉辦曉明歷史珍藏展覽，以「回歸愛的教育」為命題，正是對「愛的教育」的認同和回應。

（三）為新生代注入愛的力量

在人類的歷史長河裡，天道循環，萬物消長榮枯皆有時序，惟教育事業生生不息永垂不朽。曉明實踐了晏陽初博士的平民教育理念，延續他百年樹人的使命。許多澳門的女孩從曉明踏上正確的人生路，也許沒有偉大的事業和輝煌的成就，但是有充實而精彩的人生。

受曉明教育精神的感召，無數曉明畢業生從事教育工作，在澳門、香港、世界各地，為立己樹人終身奉獻。據悉上世紀某個時期，澳門公教學校之中，有五間小學的校長是曉明學生；除了私立教會學校，官

辦的中葡小學、政府教育部門及相關機構，以至香港及海外地區，都有曉明出身的幼稚園及中小學老師、校長、大學教授、教育行政人員，這支龐大的接力隊伍，無間斷地延續曉明的精神，為各地社會培養優秀人才，為新生代注入愛的力量。

曉明的歷史很短，曾經在那裡受教育的學生不算多，就憑老師和學生凝聚的力量，在離開學校的數十年間，共同把愛的信念傳遞給下一代，一代接一代，為人類社會提供正能量，這種能量持續傳遞，受感召的人就不計其數了。

黃濤老師（1929-2016）生前回憶他在曉明的教學生涯時，曾經說過以下的話，這番話道出了曉明老師們的心聲：——

「曉明一份教職，薪酬微薄，甚至有時會出糧不足，但體諒學校的困難，我們做老師的從來沒有抱怨，因為在顛沛流離的亂世中，曉明給了我們一個安身之所。眼看修女們以無私的愛獻身教育事業，靠勤勞的雙手締造學校的奇蹟，這給予老師們很重要的人生啟發，我也曾為之心靈悸動，自覺慚愧。只要來到曉明，就感受到這種力量，因此我們願意加入這個奉獻行列，跟修女們一起捱窮，一起為社會做有意義的事，清茶淡飯，無怨無求。這就是愛的力量。」

平修女和學校所有的老師、修女，把一生最寶貴的歲月奉獻給曉明，他們都可以自豪地套用晏陽初的話：「我是一個傳教士，傳的是平民教育，出發點是仁和愛。」

✱ 註：義大利籍耶穌會士利瑪竇神父 Matteo Ricci（1552-1610）是天主教在中國傳教的開拓者，1583年（明萬曆十一年）從澳門進入中國，是最早的西方傳教士和漢學家，受士大夫敬重，尊為「泰西儒士」。他精於西方的天文、數學、地理，為中國繪製第一幅完整的經緯世界地圖，又精研中國古典文學，期以東方生活文化融入西洋科學。他和徐光啟合作翻譯古希臘的數學著作，從曹操詩句「對酒當歌，人生幾何」引發靈感，以「幾何」二字作為數學詞彙，該書定名為《幾何原本》，成為現代數學的基礎。在中國二十八年，著書二十部，對中國的影響由明至清及於皇室，康熙皇帝讀聖經寫七言律詩「十架頌」；乾隆修編《四庫全書》，利瑪竇的十部著作被編入〈子部〉，其中收錄四部、存目六部，包括論述宗教義理的《天主實義》。

附錄五：澳門華僑報館藏歷史檔案（II）

2.1　　1961-02-01　　版次003

曉明旭社遊藝會

　　【特訊】本澳新口岸天主教主辦曉明中學，設立多年，現辦有初中暨小學部，收費低廉，並有宿舍設備，學生眾多，為一間平民化學府，現該校初中三年級旭社，定期二月廿六日下午三時，在羅里基博士大馬路校址大禮堂舉行游樂大會，入場券每張一元，節目有（一）大合唱，（二）松花江上，（三）致詞，（四）中國劍舞。（五）口琴奏樂。（六）中國扇舞，（七）名曲：日落烏啼，（八）三軍舞，（九）話劇，（十）紅燈曲，（十一）舞蹈小天使，（十二）古典舞綠野仙踪，屆時當有一番熱鬧。（中山社）

2.2　　1961-02-26　　版次004

曉明中學獎券募欵

　　【中山社訊】本澳曉明女子中學，為籌募捐助清貧兒童經費，特舉辦一元有獎彩券，抽獎時間在下月廿五日下午五時，地點在曉明中學內，獎品有毛絨顧繡毛巾，繪畫枕頭，男女服裝，兒童服裝，洋娃娃，玩具，晨褸等，抽獎名額共有卅名，又同時並放映最新名片「萬王之王」，聞獎券推銷成績良好。

2.3　　1961-03-20　　版次：004

曉明等校發救濟米

　　【特訊】本澳天主教福利會，日前發放各貧民區，學校學生等巨量粮食濟助品。現悉，福利會又撥出白米等，交由曉明，真原，海星等校發放各貧苦學生，每人乙份，以資濟助。（中山社）

2.4　1969-05-05　版次：003

籌募清貧生基金　曉明獎券昨揭曉

曉明女子中學為籌募清貧學生基金，特于昨（四日）下午二時三十分假座該校公開抽獎，茲將入選號碼二十個臚列於下：

第一名：一六六三四　第二名：〇一〇七四　第三名：〇二一五六
第四名：〇六六七三　第五名：〇五〇五七　第六名：〇四二八七
第七名：一一六八七　第八名：一九六五八　第九名：一四〇一六
第十名：〇八八三一　十一名：一四二一九　十二名：一一五一三
十三名：〇九一七三　十四名：一一一四一　十五名：一五九五〇
十六名：一九四二七　十七名：〇〇七一八　十八名：一二九六七
十九名：一九〇九六　二十名：一七六五〇

希中獎者由即日起至本月底止攜券到該校領獎，時間上午九時至十二時，下午二時至四時，逾期作廢云。

2.5　1969-12-07　版次003

曉明電影抽獎票數幾及四萬
中獎號碼二字頭以上　萬九千以下名落孫山

曉明女子中學高三濤社舉辦電影抽獎，承蒙各界人士贊助濤社同學至表感紉，中獎號碼已於昨（六）日在該校大禮堂抽出，希中獎人士於即日起，在十天內到該校領取，逾期作廢。茲將中獎號碼列後：

第一獎〇三二二九九　第二獎〇二九〇四〇
第三獎〇三五六〇六　第四獎〇三五五四五
第五獎〇二〇六二三　第六獎〇三九六〇一
第七獎〇三一九七五　第八獎〇三一四九四
第九獎〇三五四七一　第十獎〇二三四一一

2.6　1958-11-01　版次003

青洲貧民區續發救濟包

　　（特訊）美經援協會粮食救濟包，十月份發放情形，迭見報載，查青洲，馬塲，快子基，沙梨頭等貧民區，日前經分發數千份，係由天主教福利會青洲辦事處莫神父負責發放，由于手續簡單，發放經過至為迅速，一般貧民，無須久候之苦，發放時，祗憑福利會辦事處救濟咭分派，因莫神父顧念及貧民照相等困難，故仍通融辦理，一般貧民咸稱便利，又天主教福利會青洲辦事處，為補發新登記貧民救濟包，定今（一）日下午三時，在青洲辦事處再行發放，凡青洲區以前未領救濟包，已登記貧民，每人發給一包，又悉：該處並代發領取舊「衣服」票達四千張、憑票到新口岸曉明學校依規定日期，前往領取（中山社）。

2.7　1959-10-03　版次002

教師聯會發濟助金

　　中華自由教師聯合會會員濟助金及小學清貧生濟助金，經滙到澳，該會為使會員歡渡雙十國慶　定下週發放本年七月份，八月份兩個月會員濟助金及小學清貧生濟助金，發放各小學有粵海，德明，中山，中德，聖羅撒，聖若瑟，望德，仿林，鐵城，知行，興中，難胞，曉明，東莞，致用，崇新，慈惠，佩文，立人，公進，庇護十二世，育全，博文，陶英，淑賢，自由工人子弟等廿餘間。

2.8　1959-12-18　版次002

僑委會贈課本週日下午開始分派

　　僑務委員會為協助海外僑校發展，購備大批課本，贈予各僑校應用。查本澳中華自由教師聯合會，為使各學校對該種課本有充份準備，經定本月廿日（星期日）下午二時至六時分發贈送本年下學期小學課本，總數達萬餘冊。分配學校計有聖約瑟，粵海，中山，德明，中德，仿林，望德，鐵城，知行，曉明，興中，東莞，致用，崇新，佩文，慈惠，博文，淑賢，立人，漢文，中僑，路環，九澳小學，自由工人子弟學校等廿餘間學校。

2.9　1960-01-05　版次003

中學濟金日間發放

教育部僑務委員會，大陸災胞救濟總會等機構為濟助本澳中等以上僑校清寒生，特每年撥出巨欵予以濟助，名額共二百名，計初中生每學期發港幣六十元，高中生九十元，發放事宜係由難胞救濟督導委員會的發放小組辦理。現悉；四十八年上學期中等以上清寒生濟助金，聞經滙到，將於短期內發放，以資濟助，發放中學，計有粵海、中山、聖若瑟、聖羅撒、望德、德明、仿林、難胞、中德、曉明等十餘間中學。

2.10　1960-05-17　版次002

天主教福利會贈衣濟貧

【特訊】本澳天主教福利會邇來運到大批粮食衣服，以救濟貧民，對一般生活困難人士神益至大，尤以逃澳難民更受益不淺，連日來福利會，經將大批舊衣服分發各教會學校轉贈與貧困學生，及一般困難教友、難民等，撥贈學校計有利瑪竇，海星，曉明，聖德蘭，花地瑪，真原，庇道等廿餘間教會學校，在世界難民年中，在本澳救濟中國籍難民貧民，亦以天主教福利會為最具成績，聞將有一筆巨欵，亦撥予福利會辦理救濟本澳難民貧民之用。（中山社）

2.11　1963-02-05　版次003

天主教福利會發出大批濟品 去月數字昨經發表

【特訊】天主教福利會昨發表上（一）月份分撥各區分發之救濟品數宗，共計食油一千〇三十八罐，（每罐六十二磅四分一）及麥米九百〇三包，（每包重一百磅）各區分派之數字如下，計開，嘉諾撒堂區麥米六十包，食油六十四罐，路環區卅三包，卅六罐，海星分派站七包，八罐，快子基四十包，四十五罐，青洲區一〇七包，一七五罐，聖家分派站九十四包，一〇二罐，崗頂二七六包，三百罐，大堂區十六包，十七罐，望德堂區一百一十二包，一二〇罐，老楞佐堂區七包，八罐，曉明分發站十五包，十六罐，氹仔區五十三包，五十八罐，台山區八十三包，八十九罐。

2.12　1969-05-01　　　版次001要聞

曉明女子中學員生
參觀可口可樂汽水廠

　　本澳曉明女子中學同學數十人，日前參觀澳門工藝有限公司可口可樂汽水廠，由該公司負責人引導參觀該廠各部門之機器及設備，派送紀念品，贈飲該廠出品之「可口可樂」，「是必利」及「發達」等汽水。今年該公司舉辦「幸運之家」抽獎，獎品總值超過十萬元，誠為澳門有史以來之創舉，計頭獎可得豐生大廈B座洋樓一層，二獎任擇鈴木牌電單車或名廠二十三吋電視機，三獎可獲獎日立牌五尺雪櫃或八磅洗衣乾衣機或二十吋電視機。安慰獎二百個每獎美孚公司無比石油氣一瓶及自動點火爐一具或可口可樂禮品一份。現在距離第一期開獎之時間祇有十五天，故最近換領獎券者更形擠擁。持有套庄樽蓋者，宜及早換取獎券，以免向隅。

2.13　1965-07-28　　　版次003

曉明辦護士班興建兩幢校舍

　　天主教聖方濟各會主辦曉明女子中學，應屆高中畢業生，除升學外，不少已獲得職業，查該校極重視勤奮貧苦學生升學求職，校方均盡力予以協助，對學生裨益至大，據悉：該校並計劃辦護士班，初中畢業後，攻讀四年，現經進行在校址後增建兩幢新校舍，圖則亦獲工務廳核准，工程週內可動工，該建築費需三十餘萬元，由有成建築公司承建，聞經費係由德國人民捐助，待工程完成後，方可招收護士生，查港澳缺乏護理人才，該校開辦後，對女生謀職，當有所裨益，尤以初中畢業女生，家庭環境困難為然。（中山社）

附錄六：1959–1960年度澳門學校名單

據當日報章報導調查資料，澳門五十至六十年代，市內及離島學校大小百餘間，教育事業方興未艾，其發展趨勢蓬勃。截至1960年7月統計所得，59-60年度學校概況如下：

官立學校：殷皇子中學、葡光、葡國小學暨幼稚園、郵電伯多祿商業學校。

天主教學校：聖若瑟修院、聖心、粵華、聖若瑟、聖羅撒、慈幼、曉明、利瑪竇、望德、鮑斯高職業、花地瑪、培貞、庇道、海星、真原、聖德蘭、庇護十二世、聖玫瑰、永援；冰仔路環地區：公進、聖方濟各、聖母聖心、嘉諾撒。

基督教學校：浸信、嶺南、培正、培道、蔡高、聖保羅、協和、宣道、金巴崙、錫安、聖約翰等。各教會另辦義學和識字班。

私立學校：粵海、華僑、中山、德明、崇新、致用、陶英、宏漢、佩文、育全、崇實、鏡平、立人、東莞、啟智、博文、漢文、慈惠、行易、淑賢、僑光、勵羣、中僑、民眾、農牧、自由勞工子弟、同善堂義學、康公廟義學、佛學社義學、沙梨頭義學、德仁、戍庚、正光、中華、實用、馮氏、循序、寄萍、淑基、一銘、立本、漳泉、蓮峯、淨覺、達明、培智、穎川、孔教、吳靈芝、貧民義學、志道、銀業、崇義、程南、瑞南、青洲、廣大、澳門美術、勝家縫紉、蕙娥學校（路環）等。連同鏡湖護士學校及各工會社團所辦義學夜校識字班，計全澳學校百餘間，其中包括中學二十多間。此外：

本年度新辦學校有：培英、慈恩兩校。

籌備中的學校：順德夜中學。

正擴建校舍中、增加名額的有：曉明、真原兩校。

停辦的有：興中、龍嵩、肇基、廣州大學分校等。

各學校規模大小不一，依規定須向澳門政府備案，有部份由社團改辦者未有備案，亦有設備欠完善，學生人數少至十餘人者，向僑務委員會備案者有聖若瑟、聖羅撒、粵海、中山、德明、仿林、粵華、曉明、望德等卅餘學校，均獲得教師結婚、生育、醫藥、死亡等福利補助費及中山小清貧生濟助金。

資料來源：1960年7月17日澳門華僑報（版次002）標題：《花園的城市利於攻讀‧澳門學校共有百多間》

第三章

曉明的教育精神與傳承

一、人文精神價值永恆

平修女辦曉明中學，以人文精神實行青少年教育，以孔孟之道彰顯基督的大愛。從「愛」出發的教育精神，樹立了曉明淳樸的校風和優良的傳統，培養了學生高尚的品格和情操。

曉明給予學生「家」的感覺，學校像個大家庭，同學們彼此關愛，互助扶持，充分體現平修女推崇的忠、恕、仁、愛的美德，並以之為待人處世、安身立命的基石，更是互相砥礪、終身學習的人生指標。儘管在平修女離開學校很多年之後，師生一直繼承她的精神，進入曉明這個家，自然感受到這種氛圍，她留下的一言一行，依然是學生嚮往的神聖力量。

1968年平修女奉調離校，其後入學的學生從未接觸過平修女，但校園裡處處有她的影子，彷彿依舊與學生同在。對後期學生而言，平修女是她們高山仰止、遙不可及的偶像，因此當她在台北辭世，修院為她設靈舉殯之日，有素未謀面的學生專程前往弔唁，為的是爭取最後機會，親身瞻仰她的尊容。

正因為這「家」的概念和「愛」的共融，曉明人就是一家人，畢業校友感情上的聯繫非常密切，每年校慶、畢業禮都會聯袂歸來，外地回澳必也返校探訪；各班同學有定期聚會，班社週年慶與修女老師同歡聚。曉明結業後，多位修女調任台灣，港澳及海外各地校友數十年來探訪不絕；得悉有老師或修女返港澳度假，校友不辭千里追蹤探望。修女晉會六十年，學生同返澳門參與教區慶典。老師七十大壽，校友集體為他設宴祝賀。甚至學生出嫁了，師生一同出席觀禮；家有喜事，宴請修女老師以家長之禮上坐。

受曉明教育影響，除了大量畢業生投身教育事業，卓然有成，還有不少校友長年默默耕耘，參與內地山區助學扶貧，協助貧困家庭培養高中和大專學生，為中國新生代的教育獻出一分力。

曉明培養學生以人為本的教育精神，不但應用於個人，並且以之教導子女和學生，把曉明培育的美德延續到她們的下一代，這種德行的集體傳承，逐漸形成曉明人引以為傲的「曉明精神」。曉明學校歷史雖短，曉明精神歷久彌新。

二、不言之教上善若水

　　曉明中學的教育精神，能夠歷久不衰並得以傳承，基於幾種因素：

　　一、人的因素。曉明有一群終生獻身教育的修女和老師，他們刻苦耐勞、無私奉獻的精神，樹立了教育的楷模。師生間少有的真誠，締造緊密的感情連結，學生以師長為榜樣，日久熏陶，修身立德成為校園風尚，從善避惡成為自然法則，在曉明人身上，好像有一種生生不息的遺傳基因，代代相承。

　　二、社會的因素。五十年代戰後蕭條，面對生活困境，逼使人自力更生。曉明初期學生多來自貧困家庭，修女和學生在一起，以超越常人的堅毅和勇氣，衝破一個又一個難關，這種同甘共苦的經歷刻骨銘心。逆境求生激發人性潛能，使人認識正確的人生觀和價值觀，一生影響深遠。

　　三、歷史的因素。進入新中國年代，大量知識份子自大陸來到澳門，優秀人才薈萃，是一個特殊的歷史契機。初來澳門人地生疏，不少人要面對冷酷的現實，平修女給予的是人間溫情，是故老師對曉明一份教職非常珍惜，以其學識修養的內涵，以及身為人師的表率，鞠躬盡瘁，回饋學校。曉明雖是一所窮學校，卻不乏好老師，學生承接老師的棒子，日後為人師表，同樣反饋予下一代。

　　歷史不斷演變，社會迭有更新，時代的步伐繼續向前，前瞻性的教育精神永不過時。當年師長的潛移默化，形成約定俗成的道德規範和行為操守，人人自律遵行，並以之為崇高的理想；經過數十年的人生實踐，證實這種學習精神不單用於自我修為，並且能應用在生活、工作、處人、濟世各方面，而得到良好的社會效應。曉明學生一生奉為圭臬的「曉明精神」，是一種普世價值，具有無可估計的正能量。

　　歷史演變是人類的生機，有演變才有生命力，無論這個世界怎樣變，人的本性不能變。人之初性本善而歸於至善，上善若水，川流不息，澤被萬物，本來就是自然常態，曉明精神得以傳承亦屬理所當然。

三、故園重聚四十春秋

學校結束四十年，平修女過世不久之後，一本憶述曉明學校故人故事的書出版了，《破曉明燈──中國百年歷史人物平靜修》的面世，為失散各地的曉明校友穿針引線回娘家。翌年（2016年）為九十榮壽的范桂芳修女慶生，首次舉辦舊生聚會，反應非常踴躍，從香港及海外各地專程返澳的校友絡繹於途，當日出席的老師校友多達四百人，幾乎是曉明結業時全校學生人數的三分之二。把大家召喚歸來的，是那一份半世紀共同擁有的、對母校感恩和思念的深情。

四十年後第一次校友團圓，在一片重逢、相認的狂喜歡樂中，出現最動人環節──忽見幾位穿著曉明校服的學生列隊出場，霎時間時光倒流，記憶回到意氣風發少年時，全場為之心絃震動，熱淚盈眶。象徵勝利的Ｖ字型吊帶校服裙和粉藍色蝴蝶結，現在看來有些古老，這古老的感覺非常親切，使人不期然感到驕傲，這就是曉明學生的身份表徵！看校徽上大海航行的白帆，依然載著眾人乘風破浪，安全駛向人生的彼岸。

曉明精神是校友凝聚的原動力，儘管年華逝去，友愛常存，情懷不老。

正是這不老的情懷，促使一位數十年首次返澳的雁社校友，於參加聚會之後，不辭千里再次從美國回來，約會曉明師生數十人，讓各人逐一抒發她們的曉明情懷，製作成珍貴的《曉明精神》視頻，上傳YouTube與校友分享。

也是這不老的情懷，打動了「生命恩泉」（註）的義工攝製隊，他們不辭勞苦，從多倫多專程來澳門拍攝曉明的故事，在加、港、澳三地多方採集資料，藉曉明校友二度聚會的時機，拍攝了《曉明之星》和《曉明精神》兩集影片，於2018年經當地中文電視台首播，並已上載YouTube全球廣播。

（註）「生命恩泉」是一眾華人天主教平信徒於2005年在多倫多成立，已發展成為慈善機構，主力製作天主教電視及電台節目，透過不同媒體廣播，向全球天主教社區傳揚福音，為人類維護「生命文化」。

曉明精神（黃修忻製作 2018）

https://www.youtube.com/
playlist?list=PLggxTb-
j7b5RipQcgBrsFNMmmTdDwCRRI

曉明之星（生命恩泉製作 2018）

https://www.youtube.com/
watch?v=QLpyl2uLCfY

曉明精神（生命恩泉製作 2018）

https://www.youtube.com/
watch?v=KlWSKw9_NnE

傳揚愛的教育（黃修忻製作 2021）

https://youtu.be/Aw-AvNPQ1eg

四、精神共享校友心聲

在本書蒐集資料的過程中，先後與多位前後期校友探討一個問題：曉明精神是甚麼？是甚麼影響我們的人生？

校友生活在不同國家地區，從事不同行業，有各種各樣的人生經歷，即使沒有密切往還，卻有一點共同意識，就是對母校的無言感恩和默默回饋。歲月催人，往事如煙，記憶中的校園生活也許平淡無奇，久別的故人許多已經遠去，但回顧自己走過的人生路上，總看見有熟悉的足印，一步步引領向前，使人深深相信，是曉明那種無形的精神力量，給予每個人信心和勇氣，讓我們樂觀面對無常的人生。

以下記載的，是十五位生活在不同地方、有不同工作經驗、不同年齡差距的校友，願意分享她們的人生點滴，期以眾人的生活體驗和人生領悟，揭示「曉明精神」的社會意義和時代價值。其中有口述筆錄的心得分享，也有校友親自執筆為文的篇章，她們的隻言片語，也許會給你靈機一動的啟示，也許會爆發共鳴的火花，無論你是甚麼年紀，身在何處，願曉明精神與你共享。

陳添根：平修女鼓勵我們走向世界

陳添根·第一屆 旭社·退休服裝設計師·滿地可（加拿大）

從香港移居滿地可之後，我從事服裝設計工作，得到猶太裔老闆的器重，一直做到接近七十歲才讓我退休。除了日常工作，我參加當地中華天主堂和中華學校的義工，在堂區裡，在滿地可舉行的第三屆全加中文教育會議中，竟然遇到好幾位曉明校友，她們都為華人的中文教育獻出一分力。

我們在美加各地的同學的確為數不少，當年平修女不斷為學生尋找出國留學的機會，鼓勵我們走向世界，擴大視野。我們是高中第一屆，是平修女幾經艱辛培育出來的第一代baby，她對每個學生都寄予厚望，像我這個已經畢業好幾年的學生，依然惦記著，當她爭取到美國大學的助學金時，仍想送我去讀書，使我有更好的前途。

我在高中畢業後來到香港，半工半讀完成珠海學院的學士學位，翌年1969年我收到范叔子老師一封用毛筆寫的十頁長信，內容說平修女去年卸任曉明後即赴美國，在范老師陪同下，觀光遊覽之餘，她的主要任務是到處拜訪神職人員及專上學院，積極爭取獎助學金，盡最大努力為曉明學生鋪設更多的出路；目前平修女已獲得多所學府確認，有志的學生可以申請赴美留學，范老師轉達平修女的心意，希望我把握機會出國深造。我仔細讀此來信，心情十分激動，想到已離職的平修女，仍風塵僕僕為學生的前途奔波勞碌，實在令人感動。可惜那時候家庭條件所限，幾經考慮，我還是放棄了機會。

平修女送去美國的第一批學生，是我班的潘昭敏、趙珮琛、李芬，她們都以獎助學金留學美國，其後每年都有曉明學生赴美國進修，畢業後多數留下，並在當地有很好的發展。那個年代港澳兩地的生活都很困難，出國留學有如天方夜談；平修女踏破鐵鞋，利用她的人際關係，四出奔波為學生爭取機會。不過即使有了獎學金，也要籌措昂貴的機票才能起行，到美國後還須以勞力賺取生活費，幸而曉明學生都能克苦耐勞，終完成學業取得學位或專業資格，如今在不同的地方致力貢獻社會，用以報答這份恩情。

其實我和平修女接觸不多，我是外宿生，學業成績還算好，數理化文史地都好，唯獨不喜歡英文和體育，平修女喜歡的唱歌跳舞才藝統統沒有我份，所以很少機會和她一起。畢業那年復活節前，忽然一場大病，醫生囑咐馬上停學，每日到醫院治療。我傷心絕望地拿著醫生信返校，第一次單獨見平修女。進入校長室坐下，她關上門，捉住我雙手，像慈母一般對我說：「你要接受生命的不完美，要相信逆境和苦難是走向未來幸福的過

程，要相信天主的帶領和聖母的幫助；有困難同天主講。」又説：「曉明學生不可以軟弱，現時不上學獨自在家裡，一定要學會自律、自愛、自強，要自己幫自己。」在我最失望、無助的時候，平修女鼓勵了我。這番話在六十年後的今天，依然印象猶新。

後來平修女特准我缺課下參加畢業考試，過了關，我順利畢業了。

高中那幾年我不時向「中國學生週報」投稿，常去草堆街的友聯書報社取報紙和稿費，有一次幸運地遇到陳特社長（後來任香港中文大學教授），他意外地發現原來陳添根不是男孩是女孩。畢業那年九月，該報社聘我往香港工作，陳社長並替我交足一年學費入讀珠海書院。為了報這個喜訊，我特地往見平修女，她為我高興之餘，更不忘循循善誘：

「有好的際遇，不要沾沾自喜，不要驕傲，不可隨波逐流；有挫折不用氣餒，被否定、被摒棄，也不必難過，要接受事實；不斷學習新事物，不怕任何挑戰，要有自強不息、鍥而不捨的精神，成敗的關鍵在於每天的生活態度。天主不要求人有多大成就，卻要求無論大小事都要盡心盡力。遇到困難不用怕，天主會扶持你。」

這一番叮嚀，啟迪了我的思維，有助我的信仰扎根，在日後的漫長歲月裡，在工作和家庭生活中受用無窮，尤其是我的健康狀態，目前在視力日漸衰退的獨居生活中，我無畏無懼，心中安然。

在我迂迴的人生中，曾遇到很多挑戰，我學習接受世界的不完美，凡事看積極的一面；應付繁複雜亂的工作，我學習冷靜，用字條寫下優先次序逐一處理；在忙碌的現實生活中，我學習時間管理，學會自律和自愛，控制情緒，保持心境平靜，不陷入迷茫；在變動的社會環境中，學習嚴以律己、寬以待人，營造良好人際關係。無論在任何處境，我學習自己幫自己，自強不息是我的座右銘。平修女當日的訓示，帶領我整個人生，成就了今日的我。

我覺得平修女是天主派遣來照顧我們的，她帶來聖母之愛，基督之光，聖神之智慧，端正我們的價值觀，鞏固我們的人生信念，為我們的生命奠基。她像天上星星的清輝照遍大地，幫我們渡過黑暗，待到天明，她是曉明之星。

謹代表全班同學向平修女送上三句心底話，表達我們的敬意和謝意。
——您柔和含忍的睿智風範，我們景仰；
——您寬容敦厚的慈愛胸懷，我們感動；
——您忘我無私的普施恩澤，我們刻骨銘心。

黃修忻：我對中華文化的熱情是深受曉明教育的影響

黃修忻 • 第二屆 雁社 • 金融軟件專業 • 波士頓（美國）

2016年春天，我與家姊修怡由美國到澳門，重訪闊別五十多年的曉明校園（現今是聖羅撒英文中學）。與范修女、畢修女及校友們共享午餐，重溫當年舊事，一樂也。我們與許多校友雖是首次見面，但一見如故，甚為溫馨。

我們雖然僅在曉明就讀初中三年，但與平修女、范修女等從小就認識。幼年時家住燒灰爐，就讀南灣協和小學。那時修女們在燒灰爐辦學，修院卻在我家的後山上。她們辛勤工作一天後，需要繞行一大圈路，才能返修院。後來徵得雙親同意，經我家的後樓梯出入，可省卻不少路程。我雙親對修女們甚有好感和信任；尤其對平修女的辦學精神，甚為敬佩。因此去曉明寄宿前，家父帶我們去曉明新校，親自交托給平修女。

曉明是天主教學校，注重中華文化，尤其是古典文學。對待學生，不分貧富貴賤，一視同仁，教導學生有獨立思考，注重品行。我們在曉明初中畢業後，移居香港；高中畢業後，留學美國，僑居至今。

2016年秋天，我們再度由美國返澳門，參加校慶和范修女壽宴，深感校友的熱情。雖然曉明結業多年，但校友的凝聚力甚強，舉辦任何活動，一呼百應，如同家人。由於校友們對母校的感情深厚，在2017年春天，我又專程到香港和澳門，錄影各修女及校友對曉明的回憶。從他們的談話中，得知許多校友深受曉明影響，服務教育界，專注文化承傳和助人救世的精神。

自2011年起，我期望為中華文化略盡綿力，因此開始自資製作「粵講越有趣」（www.ycantonese.org）網站，推廣用粵語講唐詩宋詞，期間邀得名教授和老師參與。我也在北美、香港、澳門、台灣、中國和澳洲等地收集和錄影。目前已發表兩百多個視頻、音頻，免費供中外人士參考。我對中華文化的熱情，是因為深受曉明教育的影響。

我在金融軟件界工作數十載，與文學無關，但我喜好詩詞，全因家母自幼教讀唐詩的影響。今雖僑居海外，仍能以傳承中華詩教傳統為憧憬，將所學所知向世界傳揚，使我的人生更加充實和快樂。

黃一冰：曉明的五年奠定我人生的基礎

黃一冰 • 第三屆 蜂社 • 專業會計 • 多倫多（加拿大）

小時家貧，只是斷續性上過學，直至從廣州到澳門，經陸神父介紹進入曉明，[接]受正規教育。

只有小學二年級上學期程度，入讀三年級，除數又不懂，英文更是初次接觸，由於中途插班，老師就指派高材生教我英文字母，跟着就是第一段小考，如此狀況下，考試就包尾啦！曉明給我讀書機會，好珍惜，經過幾次大小考，幾番進步，終於在四年級上學期初嘗考第一的滋味，當時是借用利瑪竇課室上課，下學期遷往新校，同年入住宿舍，在美麗校舍上課及居住，安定了。

暑假後，新學年來了很多新面孔，老師呀！同學呀！學校至此漸趨完善，學生自治會協助維持秩序，按年級編班輪流清潔校舍，曉明學生工夫真的棒，各處經常保持光亮整潔。

當時除了修女教師外，同時亦聘用其他教師，大部份來自大陸各省市，經由不同人士介紹到曉明教學，有過客，亦有定居者，儘管方法各異，但每位老師都盡力又細心。曉明因校風良好而聞名，有父母慕名送女兒來求學，有非貧窮的，亦有外地來的；科目中的語文科跟其他學校有些不同，是文言文，也有尺牘科，另外五年級起有四書，初一開始有古文等。

升讀初二時，家境有變，被逼停學。正在努力賺錢幫家之際，原來父親為我的前途開了一扇小窗，給我選讀會計專科，是兩年制大專獨立學科，學生都是半工讀的，我越級入讀，曉明打下的文言文根底，有助我對理論內容掌握及應用，順利完成畢業論文；職業轉型同時，亦完成英文單科會考及一些倫敦商會試。自此我一直從事專業會計工作，移民加拿大有幸仍能幹回本行。現在已經過了退休年齡，仍然出任非全職工作，既可打發時間，亦不會跟時代脫節。

在曉明生活的五年，奠定我人生的基礎，也讓我得到信仰，修女和老師的影子伴隨我一生，感謝她們！更感謝開明雙親的小窗！

陳昭儀：曉明學生有獨特的驕傲

陳昭儀 • 第四屆 恆社 • 退休藥劑師 • 多倫多（加拿大）

去國廿四載，很多的過去都很模糊了，很多的往事卻又很清晰。每一兩個月我都會用移加前同學們送的小剪刀修剪額前的流海，曾經用它為我的女兒剪髮，一邊剪，一邊給她們講母親年幼時的趣事。加國長大的孩子們很難想像或明白母親同儕當年的生活實況！母親愛懷舊，女兒好奇，曾問：怎樣窮啊？沒有衣服、鞋子、食物？

當年的貧困是真的，但奇怪是記憶中卻從來沒有覺得真正很苦的日子。

還記得每天早上從廚房oven新鮮出爐的大豬仔包嗎？班代表從布袋裡分派給同學們，熱辣辣，外層脆卜卜，裡面雪白軟熟，不知誰的好主意，腐乳夾麵包。唔⋯⋯好味極了！長大後，似乎再也吃不到這樣美味的麵包。

童年在澳門的家都沒有坐廁，學校的廁所有抽水設備。每天都有不同的班級同學負責清潔。一星期兩次的大掃除，把走廊抹得光亮照人，還清晰地記得坐在光潔的　所地板上那種喜悅滿意的感覺。

課室大掃除，是每星期六下午的課後活動。每週一次的清潔比賽，是各班力爭的榮耀。分工合作，一絲不苟，一塵不沾。我是這樣學會了用舊報紙抹窗最光潔，至今受用。也是這樣學會了凡事都要努力地去追求盡善盡美。

大學畢業後，在香港申請藥劑師註冊需時兩年。第一份正式的工作是在製衣廠，美其名是服裝樣品設計，其實是要從繪圖、出紙樣、裁縫一手包辦。也不知那來的主意和勇氣去混飯吃，唯一的製衣知識就是在中學那一年的縫紉課得來的。

從小在家都是姊妹們同睡在一張碌架牀，學校的宿生卻每人都有一張獨睡牀，還有牀頭吊著的那雪白的蚊帳，羨慕死了！每年聖誕或一些特別的節日，我們會特准留宿，如獲老友邀請在宿舍孖鋪，就開心透了！大多數幾個同學躺在班房的書桌上，聊到深夜，直至聽到魯姆姆或范姆姆在窗外走廊經過，移動的身影和走動時身上纏著念珠的聲音，我們才會把聲浪降低，或乖乖的入睡去。很多老同學們至今都情深如姐妹，現社會罕見。這種情義，是這樣點點滴滴聚成的。

我終於明白了，原來是曉明的精神孕育了我們的價值觀，曉明的學生都有一樣刻苦耐勞的精神，有不屈的傲骨，曉明的學生有獨特的驕傲。我們不自卑，不覺苦，是學校訓練出來的。

原來當年沒有貧窮自卑的感覺，是因為平修女不讓我們有這樣的感覺。同學們看見聖羅撒女中建了游泳池，多羨慕！不知怎的，暑假回來，我們後園也有一個了。那年突然流行「滑雪屐」（滾軸溜冰），一下子，這就成了體育課的一部分。露德聖母出遊，同學們都知道要把校服洗燙好，領口的蝴蝶結打得特別漂亮，整齊的隊伍，沿途高歌上主教山，表現曉明人的驕傲。

數年前，女兒參加學校舉辦到牙買加的mission trip，回來後最深的感受是那裡的孩子們很貧窮，但卻都很快樂。旅程之前，我協助參與他們的多項籌款活動，才深感募捐不易。很難想像當年一個年輕的修女，是怎樣遠離自己的家鄉，怎樣在不同文化、不同語言的中國，傳揚天主的福音？怎樣在一個整體十分貧瘠的社會，建校辦學？怎樣深深地愛她的孩子們？

曉明，是孩子們的學校，更是許多孩子們的家！

這是一個十分真實美麗的女子。

這是一個十分真實美麗的故事。

我心充滿感恩。

平姆姆，曉明孩子們的母親，教我看到生命的意義。

——2012年11月25日

後記：

經歷了半個多世紀的記憶，由早已分散到世界各地的同學們分別記錄，其實大同小異，卻印證了妙薇學友勞心勞力著作的真實與可靠性。

這幾年加拿大鬧得熱烘烘的新聞，是當年政府與教會對原住民強迫教育的傷害，除了道歉，還要賠償。讓人反省並更加珍惜以「愛」去教育和傳教的難能可貴。

曉明的教育理念，修女與老師們的教學態度，不是十全十美，卻默默地見證天主教愛德的真諦。我們都是在愛中長大的幸運兒，但願都能努力繼續把這份愛德傳揚出去。共勉。

——2021年4月12日

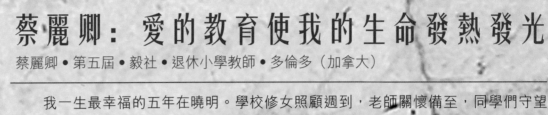

蔡麗卿：愛的教育使我的生命發熱發光

蔡麗卿 • 第五屆 • 毅社 • 退休小學教師 • 多倫多（加拿大）

我一生最幸福的五年在曉明。學校修女照顧週到，老師關懷備至，同學們守望相助，比自己的家人還要親近。我自小跟母親艱難度日，受盡人家白眼，死活沒有人關心，曉明讓我明白人間有愛，使我重拾信心，相信可以憑自己的努力改變命運的厄困。

曉明給我這個窮學生學鋼琴的機會，除了培養音樂興趣，日後並成為工作的一種技能。老師殷切期望我完成八級考試，可是初中畢業我就要離開學校，到香港找工作。受師長影響，我立志為人師表，把曉明的教育精神傳承下去。

教師需要更高學歷，我日間去工廠兼做兩份工，放工餓著肚皮趕到夜校上學，應付考試功課，經常睡眠不足，疲憊不堪，感到失落的時候，想起曉明修女的吃苦精神，我這些又算得甚麼呢？生活和讀書兩樣對我都非常重要，為理想無論如何要撐下去。半工讀完成中六課程，成績優良使我順利達成做老師心願，一面教書一面進修，捱過一段漫長日子，好艱難終於讀完教育學院在職師訓班，取得甲級教師文憑，最後我當上津貼小學教師。

豈料世事無常，隨著九七移民潮來到加拿大，在這裡我失去教學機會，只能在星期日的中文班重溫點滴情懷。給異鄉孩子教中文無疑也是一項神聖任務，但畢竟不是我的理想，在加拿大愈久愈想念香港，想念學校和課堂上的孩子。等到我的兒女完成學業自立了，我放下做母親的擔子，又回到香港的家，回到學校的工作崗位，繼續誨人不倦，直至退休。

能夠終身奉獻教育事業，沒有違背我的初衷，沒有辜負曉明的教養，我感到自豪。愛的教育使我的生命發熱發光，無論在順境或逆境，健康或疾苦，我都充滿感恩，充滿生命的力量。

楊子冰：數十年風雨堅守我的價值觀

楊子冰 • 第六屆 進社 • 退休製衣商 • 奧克蘭（新西蘭）

古語有云：「人生七十古來稀。」屈指一算，原來自己已年屆古稀，往日少女情懷和校園點滴已成追憶。畢竟人生總要繼續往前走，透過筆下回想從前，對一個長期從商的人來説，實在有千斤重擔感覺。

在曉明的六年學習歲月裡，能夠令我有所感悟的，除了受天主教教育薰陶外，可能是一次颱風經歷：已忘記是什麼原因讓我在假日留校。那是一個風雨交加的下午，突然天文台宣佈掛八號風球。那時候我是一名窮學生，窮到身無分文，要在橫風橫雨下徒步半小時回家，有多危險！往窗外看著風雨，實在有點茫然感覺，正是此刻，看見一位學姐在召喚的士，她回頭對我説一起乘坐，要載我一程。她沒有多説半句話，那份同理心（也許用愛心更好）的表現，霎時令我喜出望外，一直銘記於心。

我從不認為受教育是幫助我脱貧的最重要手段，它只是個基礎，尤其在母校裡面感受到的各種氛圍，對我做人處事，獲益良多。總覺得所見所聞，能夠令我開竅的才畢生受用。此後數十年所走過的路，荊棘滿途，苦樂參半。

就從婚姻、家庭生活説起吧，原來不是我想像中那麼簡單的。我算早婚，當年年少氣盛，與丈夫相處久了，少不免有磨擦。那時候最能幫助我理性去化解彼此分歧的，還是同理心，把自己代入對方的角色去審視問題癥結所在，最終「愛」能夠克服個人的自尊心，烏雲會漸散。

談到職場，這是我人生中遇過的最大考驗。最初從製衣及出口業基層學起，直至創業，其間遇過不少商場角力，爾虞我詐。然而，我個人是有底線的，它成為我與合作夥伴相處之道。與下屬間的溝通，也需要我運用智慧去一一面對。能夠跟伙伴合作無間，靠的是胸襟要廣；能夠與下屬們一路同行，靠的是同理心、關懷和包容。還記得當年裁剪部一次同事間的欺凌事件，我要運用到社會人脈關係去拆解他們的糾紛，從而杜絕了一種黑社會文化在工廠內蔓延。又有一次，一位貧困工友患了一種較嚴重肺病，需要接受手術才可根治，身為上司的我便要體恤，盡辦法從速送他往醫院接受治療，因當時澳門仍未有醫保制度的設立，不及時幫他便會讓他失救。數十年的風風雨雨，無法一一盡錄，當中雖曾遇上重重壓力，然而始終能堅守我的正確價值觀，從沒計較由此影響到自身利益的得失，反而覺得這是一種精神上的得着，這也是我受母校教育薰陶的成果。

淡出職場後便移民到新西蘭，由專注相夫教子，到兒女紛紛離巢，再遇上老伴因跌倒而四肢癱瘓，更遇上疫情，真的有點心力交瘁了！一幕又一幕，開心的、擔心的、辛苦的……而當下所遇，希望是人生中最後的考驗吧！幸有上主仍不斷堅強我的意志，以「愛」來助我繼續前行，實在感恩不已！

最後，讓我們互勵互勉，懷著感恩之情，毋忘母校培育之恩！願曉明精神長存，天主保佑大家。

葉漢明：
曉明乃一切之始，便從此處覓根源

葉漢明 • 第七屆 濤社 • 香港中文大學教授 / 前歷史系主任 • 香港（中國）

在全球疫情和本地困厄境況下，我竟接到天大的喜訊：一位已入修院多年的代女（也是我學生）終於在法國發永願了！透過網上現場直播，我見證了主的仁慈和愛的奇蹟。在兩個多小時的儀式中，我遙想聯翩，心潮起伏，不能自已。看著她，我看到了「自在」，深感她終得道了！

猶記她上趟回港探親時，我們曾見面，當時她對前景仍有點「不自在」。當日滂沱大雨，我們躲進她的本堂聖母聖衣堂長談了半天，不覺雨停後黃昏已近。臨別時我説，無論她的抉擇如何，我都支持。如今她修成正果，當然是靠她的修為，更是主的恩賜。然對我個人而言，曉明母校卻似是這一切的開始。

不過，我在母校度過的三年初中歲月中，並無領洗意向。離校遷港後卻一直慣性地在主日望彌撒，平日讀經，常入定默想……，直到大學本科畢業後一年，才回母校領洗。我清楚記得自己的領洗決志於大嶼山神樂院，那兒的默觀宗教生活給我很大靈感。在那一次決定性的避靜中，我問那位年輕神師：生性善良的人是否不必信教？當時他並沒有直接回應我的問題，但我不介意，因自己已非常清晰：我還是個需要修煉的人。這是我自小觀察我那個善良得叫人心疼的弟弟而得出的結論：他是天生的善人，我卻仍須努力。領洗後的我也加入了方濟各第三會，自此以達至「自在」（也是「自我」和「超我」間的無縫結合）的境界為目標。

其間，在海外學習和工作的悠長歲月中，只有我自己知道，靈性的生活往往比智性的生活刻骨銘心，表面上的智性和理性的追求，永無法取代內心對超性生命的呼喚。這方面的資源主要還是來自曉明母校的訓誨，神父，修女和師長的教導，以及永遠不離不棄，世上少見的同窗情誼，而後者的感性因素在前者熏陶下所突顯的獨特性和長遠影響，則有目共睹。

然而，除了身教，我並沒有刻意和我的學生分享這段因緣，平生也不喜說教。回港從事教育工作後，理性課題佔了大部份的的教學內容，直至有一天，那位當時還是研究生的未來代女劈頭問了一句：「您和天主交往的過程是怎樣的？」（多好的問題！）這個沒頭沒腦的問題便引發了日後一連串的發展，包括她完成碩士課程後將田野考察資料全交給我的舉措。還記得她當時說：「您用來寫書吧，我另有計劃，不唸博士班了。」然後她去了教中學，領洗，做義工，入初學班⋯⋯。她決志入修院前徵求我意見時，我慌了，一連請教了好幾位修女，大多加以鼓勵，但也有避而不答的。最後我求教於我的代母時，她竟道，當年她的神師曾指著身上的修士袍說：「我這件袍好像很帥，其實只是外表；虛有其表，我們還不如一些在俗的善人。」代母就這樣答我，並無補充。我很納悶，心中嘰咕著「咁即係點啫？」這句廣東話。（代母是「國語人」，曉明母校的老師。她太嚴肅了，我心有埋怨也不敢宣之於口，連想也不敢用國語想，怕她聽見。）其實，無論是熱情的鼓勵，無言的祝福，乃至玄之又玄的禪式話語，最後都成了我那位主意早定的代女的助力。

　　以後的漫長日子，不知是怎樣過去的，一晃多年，如今一切湧現眼前。看著看著網上的直播，如夢如真。此刻方大悟：曉明乃一切之始，便從此處覓根源。

黃秀英：
曉明寄宿學會獨立思考，有責任心

黃秀英 • 第八屆勵社 • 退休註冊幼兒工作員 • 香港（中國）

在小學三年班時，入讀曉明學校做走讀生，開始接觸修女，接觸天主教。

十二歲時，舉家搬往香港居住，由於家境問題，爸爸的收入不能供四個仔女受教育，祇能帶兩個弟弟在身邊，我和當年五歲的妹妹就要留在澳門，我和妹妹因此入了曉明學校寄宿，平姆姆見我們家貧，減收學費和宿費，解決了經濟上的問題，而我們兩姊妹就成了寄宿生，在學校過生活有規律，起居飲食有修女們照料，爸媽才安心的搬家了。

寄宿的生活很有規律，每天早上六時四十五分起床，梳洗後參與彌撒、吃早餐、做本份。接著就是一天的書本上的學習時間。下午放學後有聖體降福、茶點、自修；晚飯後有半小時的散心時間，接著就是梳洗，每晚九時半上床睡覺。

在這宗教環境的熏陶下，那年的聖體聖血節，我領洗了；接著在聖神降臨節領堅振，成了天主的子女，耶穌的勇兵。

在校寄宿，不同在家生活的同學有父母親照顧。而我們寄宿的同學，修女將我們分為十二組，每組有高年級的大姐姐照顧，使我們學得有規律、有條理，學識時間的支配和運用。在這些照顧我們的大姐姐中，印象最深刻的是胡秀娟姐姐，即是現時的胡修女，她事事關心，非常愛錫我們；在大姐姐的愛護下快樂地過了幾年，好快我們又成為大姐姐，識得怎樣照顧細小的同學們。

寄宿生中有一個傳統，就是在聖誕節後三王來朝慶日，有選皇后的遊戲。當晚的晚餐特別添加飯後甜品，甜品是每人一個修女做的蛋糕仔，在百多個蛋糕仔中，修女將一粒花生放在其中一個蛋糕裡，誰也不知分到那人的手上，到吃的時候才發現，而擁有這蛋糕的那位同學，就成了那年的皇后。

那年剛升上初中一，班上來了些新同學、新的寄宿生。在這時我認識了從路環來的同學陳群有和唐愛媚。好幸運，唐愛媚同學就成了那年的皇后，我們都替她開心。

　　我是唱經班（歌詠團），每到大瞻禮前，要不斷練習彌撒歌曲，歌曲是用拉丁文唱出，唱到完全純熟不能出錯（但真不知道個中經文說的是甚麼）。這時院長修女特別預備雞蛋水，送給我們滋潤、保護聲帶。使我們有一種與別不同的幸福感。

　　曉明學校每位修女都有很多工作任務，一日到晚很忙碌，大個的寄宿生有時會幫一些忙。有次，我取了范修女的課室鎖匙，開了課室門，本想打算執拾一下雜物櫃，但做到一半未執好，想起別的事，就撇下不理走了，激到范修女非常生氣，接著的幾天，我都不敢見她。三兩天後，她捉住我，但祇是輕輕的說了兩句，教導我做人要有責任心，工作開了頭要有手尾，不可以將物件弄到亂七八糟就掉頭走了。雖然事隔了半個世紀，都要藉此再次向她說聲：「范修女，對不起！」

　　在七年的寄宿生活裡，我學會獨立思考、處事有條理、生活嚴謹。這對我日後的工作、對人處事、照顧家庭，都有很大的幫助。

　　最後借這篇幅，感謝各位修女們，特別感謝：平姆姆、永院長、范修女，感謝您們多年的悉心呵護、循循善誘，使我們這些女孩子得到全人的教育，榮主、愛人。

黃懿蓮：曉明培育了我們這班「曉明人」

黃懿蓮 • 第九屆 堅社 • 學校行政 / 前教青局督學 • 澳門（中國）

一九六六年夏，小學剛畢業，家貧只可去人所皆知學費低廉的學校——曉明，報讀中學。替我登記報名的是一位外國修女，後來才知她就是平修女。

那年的七月八日，我就在這樓高三層和旁邊正在興建實驗室的學校裏，度過了六年自由與克制、信任與誠信、勤勞與主動、仁愛與包容、奉獻與感恩的中學生活。

曉明是個樂園，後操場背靠加思欄斜路山腳，山水潺潺流到水草滿池、青蛙呱呱、蝌蚪游游的「青蛙池」裏；沿山腳石級而上，便是聖母岩。午飯後，有同學喜歡到聖母岩唸經、談天，而我們最喜歡站在青蛙池的石欄上，輪流用竹掃把拍打池面的水，看誰拍得高。不料一天，有一同學不慎滑到池中，爬上來時，已全身濕透，只好去手工房求救，修女借了一條新裙子給她替換，事情就完結了！我們既沒有被記過，也沒有被責罵。然而，我們這班頑皮的初一生卻明白了自由與克制的道理，再沒有玩拍水了。自此，我們開始感受曉明修女的仁愛和比其他學校不一樣的包容。范修女曾講過，即使學生犯了很嚴重的錯誤，記了過，但只是一個記錄，從不會登錄在成績表內。

我們很習慣的是，交學費、飯費只要把錢用紙包好，寫上了姓名、級別、學費金額等親手交給修女，修女從沒有給我們收據，也相信我們不會少交一分錢。當二樓的賣簿室沒有人時，我們放下簿錢，拿了簿便去上課，下課後見到修女便告訴她自己取走了多少本簿，如要找錢便告訴她，我們從不多取一本簿或少付一分錢。在潛移默化下，感悟到要得到別人的信任，自己的誠信是十分重要的，這一價值觀早已植根在我們的心裏。

打掃課室、清潔校園是當時學校勞動教育的課程。曉明也不例外，不論是寄宿生或是外宿生都要負責學校的清潔工作，寄宿生打掃宿舍、洗衣服；外宿生放學後，在自治會姐姐的帶領下，取清潔用具打掃課室、洗走廊，尤其是星期六的大掃除，把課室清洗得乾乾淨淨。主動動手、不怕辛勞，分工合作做值日，至今仍是我們津津津樂道的回憶。

在曉明六年，我從未見過校規的條文，卻常常聽到平修女奔波香港籌募學校經費，范修女兼任代數和美術老師，魯修女減免很多同學的學費，白修女給生病的同學牛奶和麵包，何修女和金修女照顧寄宿生，廚房的修女默默為我們準備飯餐的事。修女們無私奉獻一生，侍主愛學生，我們無言感恩！每當我們因幫助人受到稱讚時，對比我們的修女，這簡直是微不足道的小事。

多年以來，曉明的潛在教育，一直指引著我們做人處事，懂得盡責做好工作；我們心懷感恩——曉明培育了我們這班「曉明人」。

康健梨：
讓我們薪火相傳，照亮曉明學校

康健梨 • 第九屆 堅社 • 幼兒教育 • 芝加哥（美國）

我從事教育工作四十多年，回望教育生涯，雖未帶給我名成利就、榮華富貴，但卻帶給我精神及心靈上無比的滿足及快樂。

受曉明教育精神的感召，我立志投身教育事業。三十多年前移民美國，取得幼兒學前教育的學位，使我能夠繼續在學校工作，每個週末又在中華學校兼職中文老師，教導華人子弟認識中國文化，今天我的學生已遍佈美國各大城市，他們都很自豪能懂得一點自己國家的語言，能用中文跟別人溝通，我感到很大欣慰。

我在芝加哥聖德力天主教堂擔任主日福音義工翻譯工作，很多教友對我說喜歡聽我翻譯，神父感謝我的傳譯，讓更多的新移民或不懂英語的教友，能聽到他們熟識的廣東話福音，因此使到很多華人教友從很遠的地方來這裡望主日彌撒，令我感到這份傳譯工作得到肯定及認同而歡欣喜樂。

現在我雖已屆退休之齡，卻未有退休之心，求主繼續賜給我健康及智慧，昔日曉明學校的教育工作者散播的種子，今天就讓曉明的同學繼續薪火相傳延續下去，擔負起教育的任務，照亮曉明學校！

張若霞：我真的明白，我是天之驕女

張若霞 • 第十屆 鷗社 • 退休小商人 • 溫哥華島（維多利亞 · 加拿大）

五十多年前，我失去了相依相伴的母親，進入曉明開始寄宿生活，在這裡我要真誠的感謝陪伴我的好同學。

我感謝蔡修女的偏愛關懷，她時常將自己的生果偷偷留給我吃，而令我終生受用的是她的一句話：「我衷心的希望妳真的明白，妳是天之驕女。」隨著年齡的增長，在以後遇到艱辛、失意惶恐時、得意快樂時、順境和逆境中，漸漸領悟這句話真正的意義：只要依賴天主的仁愛及時常懷著感恩的心，我定會活得更充實和快樂。我現在真的明白，我是天之驕女。

我也要感謝范修女，她教導我們德育，身教言教。記得有一年暑假，我陪她到木屋區家訪，懇求家長送她們的女兒到學校免費讀書。我永遠也忘不了她那誠懇而熱切的態度和說話，至今仍然深刻在我的腦海中。

有一年夏天全澳聖母軍露營，我非常渴望有機會參加，經過重重批准和取得監護人簽名後，永院長卻說：「妳可以去，妳有自由選擇，不過妳如果真的去了露營，我會很擔心，記掛妳。妳會再考慮嗎？」結果我當然沒有參加，不過這次的經驗，卻啟發了我日後與兒子交談溝通的方式。

我們的同學沒有階級觀念，功課上有什麼問題都誠心交流，我是全班數學最差的一個，有賴同學幫助才能趕得上。同學彼此之間沒有隔膜，友誼令人羨慕，隨著漫長的歲月，感情日益深厚。

在維多利亞生活幾十年，這裡風景很美，環境清幽，生活寧靜，有澳門的感覺，所以我一來到就喜歡。初來時甚麼都不懂，但我肯學，肯讀書，在餐廳學蔬果雕花，在超市做收銀員，都能勝任愉快，逐漸融入社區。

婚後我在小區開小商店，賣日用品和食品，附近有間小學，逢星期五放學後，很多孩子來買糖果，我給他們袋子，由他們自己挑選入袋，然後告訴我多少，自己放下錢便離開；後來政府要上稅7%，我要孩子自己計算，算對了就多獎幾粒糖，他們很開心，喜歡和我做朋友。我教他們做人要誠實，有禮貌，要懂得說「多謝」，孩子們很聽話，學得快，表現很好。從他們身上，我找回在曉明的童年。

離開澳門這麼多年，最忘不了學校的日子，我仍清晰記得修女們的噓寒問暖，老師們的句句叮嚀，點點滴滴在心頭。感激曉明讓我幸福地成長，快樂地生活，我的母校，我不知怎樣才能表達我心中的敬意和謝意，衷心希望曉明崇高的教育精神發揚光大，仁愛的火花照亮世界。

簡少娟：
人生旅途有信仰，生命變得有意義

簡少娟 • 第十屆 • 鷗社 • 退休幼稚園教師 • 香港（中國）

別了母校四十多年，曉明留下很多回憶，神聖莊嚴的教堂，前操場，後花園，青蛙池，聖母山。特別懷念寄宿的日子，很開心成為這個大家庭的成員，我在這裡不會感到孤單和寂寞，生活上和學業上都有高年級大姐姐照顧，真的如家中姊妹一樣，相親相愛。

回憶以往的點滴，我心裏常懷感激，由小二讀到高三畢業，受到修女及師長多年教誨，除了知識，亦培育了我的信仰。人生的旅途有了這一份信仰，愛主愛人，對我有很正面的影響，亦使我的生命變得更有意義。

我多年來過著幸福的生活，結婚三十多年，育有二兒一女，他們都已長大並成家立室，心中感謝上主的恩典。可是，數年前一場感冒，細菌感染得了面癱的怪病，醫生直言此病會伴隨一生，當時非常失望，每天活在痛苦中。信仰令我對天主有信心，知道天主會安排一條合適的路，會親自替我背起十字架。我選擇了返堂區做義工，與教友及義工們有說有笑，一同祈禱，期間做過高風險的腦手術，仍然沒有改善。最後兒子特地往花地瑪聖母顯現的教堂為我點燃燭燭，奇蹟真的出現了！我的病況突然好轉，我深信是天主聽到我的禱告，在我身上施了奇蹟。

信仰生活實實在在地改變了我的一生，我愛我的母校，我會繼續以母校的精神，在生活中實踐出來。

蘇淑英：
曉明教我堅持信念，終於實現了理想

蘇淑英 • 第十一屆 • 旭社 • 退休公務員 / 註冊社工 • 澳門（中國）

我是小學畢業後才去曉明讀中學，覺得這裡很多地方和以前學校不一樣。上課時同學會做筆記，把老師講的記下來，我完全跟不上，唯有借同學筆記來抄，發覺同學們的字都寫得很好，相比之下我的字特別差，原來她們是從小一開始就每天寫毛筆字。

范修女對我說：「寫字很重要，字等如人的衣冠，你寫的字代表你這個人，假如將來要找工作，寫履歷，寫一封求職信，人家看見你寫得一手好字，未見面就對你有好感，心裡認定你了。」我決心要追趕同學，每天用心練字，大楷小楷一篇都不欠，一個學期下來，自己都覺得有些進步了。我相信，只要有恆心就會成功，我一直堅持下去，由初中至高中六年，習字沒有怠慢過。

高中畢業我必須要工作了，心裡有個願望，希望有一天能進入大學的校園。輾轉做過製衣廠、針織廠、娛樂公司，最後是政府公務員，工作了二十年，年齡和在學生已有很大差距，不能再蹉跎歲月了，我下定決心，考上理工學院社工專科夜間課程，用公餘時間讀書，由副學士讀起，五年後終於拿到學士學位，實現了我的理想。從工作崗位退休，我獲取專業資格認證，成為註冊社工，今後可以全情投入社工服務，繼續貢獻社會。

只要堅持就有成果，這是曉明給我的信念。我心裡無時無刻記著師長的教誨，要多讀書，多學習，財富和榮譽都是過眼雲烟，只有知識永遠屬於自己。為追求高等教育，我不怕等待漫長的二十五年，是曉明教導我，做人做事要有信心，有目標，有追求，不輕言放棄，這種精神一路支持著我，今後也會伴隨著我，直至完成人生的目標。

黃綺棋：
教育精神的傳承是我作爲老師的奠基石

黃綺棋 • 最後一屆（1974-75）五年級 • 小學教師 / 特殊教育 • 澳門（中國）

我從幼稚園讀到五年級，差一年小學未畢業，曉明就結束了，當初若沒有曉明，我可能就沒有讀書的機會。因為兄弟姊妹多，家裡做雜貨，經濟環境不算好，父母重男輕女，男孩子可以讀書，女孩子要留在家幫手，所以，雖然我已過了入學年齡，家裡仍無意送我上學。直到有一天，有位修女來到我家，發現這個超齡女孩，為甚麼不上學呢？修女三番四次鍥而不捨地向母親游說，終於勸服母親讓我去學校，從此改變了我的命運。

曉明學校給我最大的感覺是──溫暖。在那裡我遇到很好的老師，每位老師對學生非常尊重，他們重視學生，關心每個人不同的需要，老師當年教我的態度，以及愛錫我的感覺，深印在我腦海，到現在仍非常清晰，我甚至清楚記得他們的名字和樣貌。後來才知道，很多教我的老師是曉明畢業的大師姐，她們回饋學校，把曉明學到的教育精神實踐在我們身上。由此給我很大的啟發，作為老師，一言一行對學生的影響極大，可以是終身的。其後我從事教學工作至今三十餘年，一直都是學曉明老師和修女的榜樣，我十分重視我的學生，有問題的時侯，我首先會關注他的家庭背景，了解他們的處境，然後尋找解決方法，我會用曉明老師對我的態度來對待學生。我相信這是一種精神的傳承，曉明是我作為老師的奠基石，從前老師給予我愛和力量，現在我就把愛和力量給予我的學生。

可能因年齡較大，我的學業成績較好，每學期都在三名以內，老師都喜歡我，同學又愛護我，推我做班長。曉明結束，班上同學分道揚鑣四十多年，見面時仍叫我做班長，在曉明聚會中，大家感覺親切如往昔，同學之間的情誼沒有改變。

曉明是我第一間學校，是我人生一個好的開始，她幫助貧困的學生，使女孩子有機會讀書，我實在非常感激。在曉明那些年，學校就像一個家，返到學校就有回家的感覺；曉明結業，之後我讀過幾間學校，這種感覺我找不到、找不回來了。雖然我在那裡只讀到五年級，但在我心目中，曉明永遠是我溫暖的家。

沈靄慧：做好自己
就是報答那天幫助過你的那份心意

沈靄慧（梓澄）● 最後一屆（1974-75）幼稚園 ● 澳廣視中文電台節目科監製 ● 澳門（中國）

「人生到處知何似？應似飛鴻踏雪泥。泥上偶然留指爪，鴻飛那復計東西。」
——蘇軾

人生多個重要起跑點中，「曉明」可説是我的第一個；據老媽憶述，選擇曉明入學是因為她卓越的地理優勢；當時我家住在曉明附近，落樓轉個圈，前行不用五分鐘即到；返放學方便非常。還記得當時老媽哄我説，她會在窗口看著我回校，因為當時新口岸還沒有開發，田園一片，馬路車不多，返學全程又的確可以全面睇。

就這樣，胡胡塗塗的入學了，又不知怎的，在一片抗議合併聲中轉校了。數數手指，我應該在74-75年度校刊裡出現，亦即曉明的最後一年，學年結束就轉校名了，據説當時學校鬧得紛紛擾擾，連畢業禮都沒舉辦，可能因此，我的存在記錄也沒有。到了上中學，我又回到這個校舍，雖然校名已改為聖羅撒英文中學，但內裡的裝潢陳設、操場、籃球架、課室的窗花甚至一草一木，仍存在著「曉明感」，可能，這就是我和曉明最早的一點緣份。

許多年之後，曉明早已結束，但當有人跳上一輛的士要去羅理基博士大馬路，只管説「去曉明」，司機就知道地點了。可見澳門人對「曉明」的記憶維持了很長的時間。

我和曉明的緣份，以為只是雪泥鴻爪，幼稚園之後就完了，原來沒有完……

數年前，因緣際會，遇上廖小姐，跟她做了一個電台節目訪問，關於她的著作《破曉明燈》。訪問出街後，意外地，回響不少，從不同渠道中，我收到聽眾們對今回訪問的回應，有趣的是，她們介紹自己是誰時，都是用「我也是曉明人」做開場白。跟她們傾談中，有的說她是廖小姐同學，失散數十載，很想再聚；有的跟我說歷史，談她的曉明生活；又有一位婆婆娓娓道出，在還沒有新口岸曉明時，她也受惠於燒灰爐的「曉明」前身，當時她們稱呼大家熟悉的修女們為平姆姆、范姆姆……

　　當我跟她們說：「我也是曉明校友啊！」可愛的回應是：「那你的年紀也不小了！」我心想：「可否不要這麼坦白啊！」但是，這的確是事實！

　　「得人恩果千年記，受人花戴萬年香。」看到這本書的你，學會感恩，無忘別人曾對自己伸出的一雙援手，今天你的成就，可能是當天援助你的人所促成；做好自己，就是報答那天幫助過你的那份心意。

　　回憶是幸福的延續，一點一滴也代表著大家的集體回憶，也是幸福的延伸。

附錄七：歷屆畢業班及班社紀錄

年份	小學部	班社	初中部	班社	高中部	班社
1953	開辦初小					
1954	小一至小四					
1955	小一至小五					
1956	第一屆畢業	一	開辦初中			
1957	第二屆畢業	一	初中一			
1958	第三屆畢業	旭社	初中二			
1959	第四屆畢業	雁社	第一屆畢業	一		
1960	第五屆畢業 增設幼稚園	蜂社	第二屆畢業	一		
1961	第六屆畢業	恆社	第三屆畢業	旭社	開辦高中	*設班社制度
1962	第七屆畢業	毅社	第四屆畢業	雁社	高中一	
1963	第八屆畢業	進社	第五屆畢業	蜂社	高中二	
1964	第九屆畢業	濤社	第六屆畢業	恆社	第一屆畢業	旭社
1965	第十屆畢業	勵社	第七屆畢業	毅社	第二屆畢業	雁社
1966	第十一屆畢業	堅社	第八屆畢業	進社	第三屆畢業	蜂社
1967	第十二屆畢業	鷗社	第九屆畢業	濤社	第四屆畢業	恆社

年份	小學部	班社	初中部	班社	高中部	班社
1968	第十三屆畢業	旭社	第十屆畢業	勵社	第五屆畢業	毅社
1969	第十四屆畢業	鍵社	第十一屆畢業	堅社	第六屆畢業	進社
1970	第十五屆畢業	淑慎社	第十二屆畢業	鷗社	第七屆畢業	濤社
1971	第十六屆畢業	雁社	第十三屆畢業	旭社	第八屆畢業	勵社
1972	第十七屆畢業	仁義社	第十四屆 畢業	鍵社	第九屆畢業	堅社
1973	第十八屆畢業	智社	第十五屆畢業	淑慎社	第十屆畢業	鷗社
1974**	第十九屆畢業	潔社	第十六 屆畢業	雁社	第十一屆畢業	旭社
1975****	第二十屆畢業	—	第十七屆畢業	仁義社	高中三(轉校)***	鍵社
	小一至小五		初中二	智社	高中二(轉校)***	淑慎社
	幼稚園高、低班		初中一	潔社	高中一(轉校)***	雁社

*　1961年開辦高中，始立班社制度，初中一年級以上各級成立班社，社級群組可追溯自小學到高中畢業。

**　1974-75年度保留幼稚園、小學部、初中部。

***　1974年9月起停辦高中部，應屆高一至高三學生全部轉校。

****　1975年8月合併聖羅撒學校，曉明學校營運22年至此結束。

根據本表所載，1975年或之前畢業及肄業學生，憑入學年份及就讀班級，可知所屬班社，便於保持聯繫。

第四章
曉明相册 · 重溫歷史

　　本輯圖片是曉明學校歷史的真實寫照。

　　兩百多張50-70年代的舊照片，忠實地呈現曉明學校昔日的面貌。看圖説史，重組學校開創和發展的每個進程，展示課程制度以外，德、智、體、群、美五育並重的教育方針，從愛出發的教育精神，以及恆久不變的師生情誼。

　　圖片最主要部份來自埋藏數十年的曉明相簿，留在聖羅撒英文中學校舍保存至今、於2020年6月重新發現；部份圖片原屬創校人平靜修修女收藏，生前交托予作者；還有個別校友保存的自家珍藏；來自三方面的圖片匯集數百張，分類精選，組成十二個主題，都是曉明校友對母校的集體回憶；最後加入幾張曉明結業後的跨年代照片，略表校友的繾綣之情，也是非常重要的歷史見證。

曉明舊校保留的七本相冊

草廬興學——燒灰爐上學的日子

燒灰爐是曉明的開荒地，平修女像個拾荒者，天天步行到青洲貧民區，把貧苦家庭的孩子一個個撿回來。麵包牛奶，草蘆茅舍，小小課室傳來朗朗書聲，回憶起小時候，那些日子過得很快活。

竹棚茅舍是曉明學校起家之所，年紀小小的學生，在一貧如洗的生活中，快樂地完成讀書求學的夢想。

黌宮留痕・分階段完善的校舍

1958年1月18日曉明新校啟用，澳督白覺理和主教高德華主持開幕禮，是日官紳雲集，澳門各軍政首長、社會名流均蒞臨觀禮，校舍捐贈人經濟廳長羅保、法院院長李拔士，民政廳長施樂德，衛生廳長馬丁，警察廳施若瑟，僑領梁昌、崔樂其，瑪利亞方濟各修會遠東區省長偕隨員、教區神職界人士、各界來賓等數百人出席，盛況空前。

澳督和主教相偕進場

澳督白覺理行啓鑰禮

大門開啟，神職與嘉賓進校，場面熱烈

來自省區各地的修女

平修女迎接高德華主教

羅保博士到場簽名

警察廳長施若瑟（右）到場

典禮中羅保博士致開幕詞

主教祝聖校舍

聖堂舉行祝聖儀式

學生代表致謝詞

主教致詞，座上為陸軍總司令施威立

澳督與主教參觀新校舍

禮成後茶點招待來賓，澳督
伉儷、羅保伉儷、眾官員及
嘉賓暢聚。

1959年美國記者 Joseph Aslop 到訪曉明學校（見上圖），返美後撰文呼籲募捐，在多位名人富豪熱心贊助下（見鳴謝牌匾）加建三樓，新鑄的白色聖母像從此屹立於大樓之巔。1960年12月12日正式啟用，澳督夫人柯曼梨蒞臨剪綵（圖片從缺），慈幼學校銀樂隊到場演奏（左圖）。

左下：羅保博士捐校奠基紀念牌匾

Thanks Are Due to President John F. Kennedy
Asia Foundation
Mr. John de Kouen Alsop
Mrs. Albert Lasker
Prince Stanislas Radshuill
Mr. George Walker
Mr. Bill Chan
Dr. A. M. Lombart
Mr. Albert Weinberg
Mr. Vincent de Paul Draddy
Mr. George Killion
And Numerous other American Benefactors
——— 1960

Special Gratitude to Mr. Joseph W. Alsop
——— 1960

Mildred Mary Levy Hall
a token of gratitude to Mr. & Mrs. N. Newman
——— 1960

FUNDAÇÃO Dr. PEDRO LOBO
Homenagem
de profundo reconhecimento da Diocese de Macau ao seu insigne benfeitor Exm Senhor Dr. Pedro José Lobo à cuja munificência se deve o levantamento deste edifício
Macau Janeiro de 1959

A Gratitude Souvenir to Mrs. Elizabeth Godfrey Bird
1960

60年代後期因應校務發展，先後加建左右兩座大樓，增設課室、圖書室、實驗室、學生宿舍、活動中心等，校內設施臻於完備。

（右上5圖）：右翼大樓落成，澳督夫人暨主教及神職人士蒞臨剪綵。（下3圖）：左翼大樓啟用，戴維理主教行祝聖禮。

1960年7月28日，澳督馬濟時微服巡視澳門各
學校，對瑪利亞方濟各修會興辦曉明中學甚表
關注；並在本校三樓禮堂，聽取教區神職人士
對澳門教育的意見。(下2圖)

1961年3月27日，美國退休鑽石商人紐文夫婦帶
同捐款二萬七千美元，專程來澳門探訪曉明，
與全校員生歡聚。（右5圖）

1962年6月28日，澳督羅必信中校偕同副官飛能地上尉、民政廳長施雅拔、白朗古神父參觀曉明中學，臨別在學校記事冊上寫下稱譽之句。

芸窗曳影——校園生活點滴

背山面海的地理優勢

前庭水池永遠是拍照場景

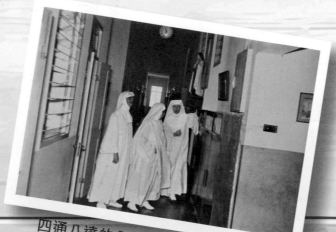

四通八達的內走廊

環繞校舍各層的外走廊

歐陸式石階樓梯

為莘莘學子敞開的校門

一日三餐的飯廳　　　　　　　　　　學生的舞台-禮堂　　　　　　　當年的羅理基博士大馬路

多元學習可以在課室、在圖書室、在實驗室

物理、化學、生物等科目的有趣實驗

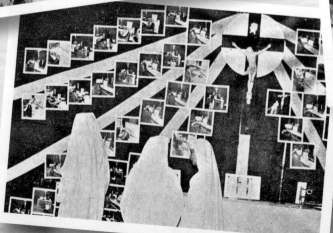

集思廣益的專題作業和成績展覽，訓練同學的思考力和創造力

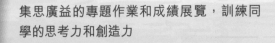

1973小學一年級

1973小學二年級

講故事比賽冠軍

1973小學四年級

1973小學三年級

講故事比賽季軍

1973幼稚園甲班

1973幼稚園乙班

幼稚園學生唱遊表演

115

清潔、家務、車衣、手工、烹飪，都是女孩子必學技能

時尚標記──校服裙的蛻變

第一代校服──設計源自處當時普及的工人服款式(1954)

第二代校服──工人服進化為工字吊帶A字裙，冬季換長袖深藍色裇衫(1955)

第三代校服──A字裙加上圓點領呔添帥氣(1957)

第四代校服──孩子漸長漸高大，胸前多加一條橫幅較為貼身整齊(1957)

第五代校服──第一批學生完成初中學業，工字改為寓意成功的V字型設計 (1959)

第六代校服──領呔改為蝴蝶結配白色圓領，突出女性氣質(1960)

第七代校服──大蝴蝶變小蝴蝶，白襯衫藍裙V字肩帶成為校服定型。當年裙長過膝，端莊保守。(1961)

按：1974年學校變制，停辦高中，校服改為白色連衣裙。

（圖見第五章1974-75年度成績表及初中畢業證書P.168-171）

第八代校服──時代變，校服款式不變長度變，肩帶收窄人窈窕，露膝短裙展現青春活力，是大部份曉明校友印象中的標準校服。(1969)

燒灰爐轉到新校的
快樂小學生

盪韆韆的悠閒時光

漫步後操場

多功能中走廊的聚餐

中走廊會議

永德輝院長與老師聖誕聚餐(1972)

金湘齡修女與畢業校友(1970)

省長修女遠道來訪，老師偕學生列隊迎迓

何志潔修女與勵社畢業同學(1971)

禮堂和後花園變身謝師宴場地

教sister講中文

笛子獨奏

小提琴、鋼琴合奏

結他伴奏歌聲悠揚

散心時間找平修女傾心事

鋼琴、口琴、歌聲三重奏

1969年園遊會請來林神父剪綵

聖母山開音樂會

滿堂歡笑

攜手同心

步步高陞的願景

同唱同樂

歡樂校園一隅

與眾同樂園遊會

後園蕉樹下的古今美女

初中畢業生校園合照留念

夏日嬉水好時光

藍球場的體操

後園花的園環

閱讀於外走廊

小學生洗衣舞表演

學校園遊會

中學生現代舞表演

溜冰舞表演

集體操表演

挾波子遊戲

幼稚園學生戲劇表演

老師與初中畢業生(1965)

魯修女與鷗社同學(1973)

堅社初中畢業與班主任范修女(1969)

永德輝修女、梁汗汗修女、魯文鳳修女、
林文瑞神父與最後一屆高二鍵社同學(1974)

林神父與濤社同學(1969)

唐華祥老師與堅社
同學 (1969)

平修女與穿旗袍的老師(1958)

第一屆高中畢業生與老師，
左起麥麗屏、陸淑菱、
周慕濂、楊燦麟、董學貞、
劉茂齡、魯修女、平修女、
蕭皞熙、葉仕錦、唐華祥、
黃濤、聞立忠、陸美菱、
趙濟民（1964）

老師與鷗社同學(1973)

范叔子老師與
董學貞老師(1965)

「老師畢業了」左起李錫鎣、林名溢、潘嘉麟、聞立忠、
舒爾培、何永幹老師。當時是嬉戲之作，未幾停辦高中，
這幾位老師無奈要告別曉明(1973)

平修女和老師攝於新校後園(1960)

董學貞老師與濤社同學(1967)

平修女與小學老師

勞明華老師與濤社同學(1967)

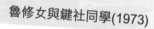
魯修女與鍵社同學(1973)

趙惠民老師與堅社同學(1969)

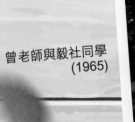
曾老師與毅社同學
(1965)

譚文亮老師、
黎妙蘭老師等
與鷗社同學
(1970)

黃濤老師與蜂社同學(1966)

1968年平修女卸任、永修女接任、魯修女在任，與應屆初三勵社同學歷史性合照。

青草地上的大姐姐與小妹妹

燒灰爐時期的大師姐

草坪散步的美好回憶

何永幹、黃濤、聞立思老師
(1969)

平修女與雁社同學(1963)

林神父與寄宿生(1965)

走出校園 —— 外遊學習的足印

粵華中學看台上的頒獎

小學部師生總動員到粵華中學看台觀賞大電影 (1962)

體驗澳門特色
三輪車 (1964)

1972年參觀清水灣邵氏影城

60年代澳門旅遊打卡點—白鴿巢公園

50年代小學生旅行熱點—松山

路環利瑪竇別墅的常客

探訪路環九澳聖母村

聖母村與胡子義神父

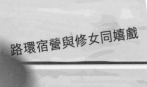

路環宿營與修女同嬉戲

60年代燒烤野餐

136

參觀澳門可口可樂廠

參觀澳門天文台

師生外遊合照於澳門市政大樓前

沙田火車站

九龍廣播道香港電台

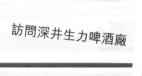

訪問深井生力啤酒廠

香港牛奶公司

137

交棒接棒 —— 驪歌高唱的時候

自1964年第一屆高中生完成學業，畢業典禮上有一項交旗儀式，高三同學把校旗交予高二同學，寓意在學習的長跑中不斷接力，繼續發揚曉明的仁義與友愛精神，薪火相傳，任重道遠。最後一屆交旗禮是1973年，翌年高中停辦，薪傳的棒子再交不出去了。

1965高中第2屆-第3屆交旗禮

1963初中第5屆畢業(當年未有高中畢業)

1964第1屆高中畢業始創交旗禮

1967高中第4屆-第五屆交旗禮

1972高中第9屆-第10屆交旗禮

自1964至1973畢業禮的交棒儀式維持了十年

1956小學第1屆

1959初中第1屆

1960初中第2屆與小學第5屆

1961初中第3屆旭社

1962小學第7屆毅社

1962初中第4屆雁社

1963初中第5屆 蜂社

1964小學第9屆濤社

1964初中第6屆恆社

1964高中第1屆旭社

1964高中第1屆旭社

1965小學第10屆勵社乙班

1965小學第10屆勵社甲班

1965初中第7屆毅社甲班

1965初中第7屆毅社乙班

1965高中第2屆雁社

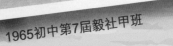

1966高中第3屆蜂社

1967小學第12屆鷗社

1967初中第9屆濤社

1967高中第4屆恆社

1967高中第4屆恆社

1968高中第5屆毅社

1968高中第5屆毅社

1969初中第11屆堅社

141

1969高中第6屆進社

1970高中第7屆濤社

1970初中第12屆鷗社

1971高中第8屆勵社

1971初中第13屆旭社

1972高中第9屆堅社

1972初中第14屆鍵社

1973小學第18屆智社

1973初中第15屆淑慎社

1973高中第10屆鷗社

1974小學第19屆潔社

1974初中第16屆雁社

1974高中第11屆旭社

1975小學第20屆

1974高中第11屆旭社

1975初中第17屆仁義社

144

信德之光——實踐信仰生活

情懷依舊 —— 校友回娘家

第一屆高中畢業後，或就業或升學，大部份離開澳門。翌年（1965）同學相約返校參加應屆畢業禮，師生歡聚一堂，由大師姐開風氣之先，校友回娘家成為優良傳統。

1984年平修女返澳門，11月11日在曉明舊禮堂（聖羅撒英中）與昔日老師、學生和孩子，四代同堂聚舊情。

平修女與前期校友感情深厚，每次到香港皆相約聚首

九十年代中，得悉曉明舊校舍行將拆卸重建，校友都趕在校舍拆建前返校拍照，留下美好回憶。圖為聖堂前合照，重建後的聖堂仍保留昔日影子。

魯修女、王修女、平修女晚年都在台灣新竹會院靜居，世界各地的曉明學生前往探望者絡繹不絕

2016年首次舉辦校友聯歡，穿上當年校服，喚起許多歡樂回憶。自此盼望每年一聚，歡迎海外校友回娘家。

1993年毅社同學聯袂返校，在范修女引路下進入昔日上課的高三班房和禮堂。畢業25年，課室依舊不變，人生的舞台愈來愈大，學校的舞台愈變愈小了

2010年校友同賀范桂芳修女晉會六十年，合照於澳門主教座堂。

第五章
世紀珍藏　觸摸歷史

曉明自1953年創校至1975年結業僅廿二年，在學校教育的歷史長河中雖然微不足道，但在當代的大環境中，有其無可代替的角色。曉明學校的出現，並不是長河中偶然激起的一點浪花，時至今日，在許多人的心中，也曾為之捲起千重浪。

曉明有數不盡的人和事，曾經在成長歲月中刻骨銘心。學生年代早已過去，青春走到白頭，人生的美好時光瞬間消逝，片羽吉光的記憶殘留，是一個里程的標記。許多人一輩子的珍藏，擁抱著不願丟棄的東西，為的是留住黃金歲月的回憶，放不下的是那份眷戀不捨的情懷。

澳門博物館舉辦「回歸愛的教育——澳門曉明學校歷史珍藏展」，勾起了埋藏已久的集體回憶，激發起曉明人的團隊精神。三年鍥而不捨，陸續徵收了大大小小三百多件個人珍藏物品，加上曉明舊校保存的一百多張歷史圖片，悉數捐贈博物館。展覽內容豐富精彩，不但展示了當年學校生活的面貌，也展示了曉明與別不同的「愛的教育」的傳承。

本章以世紀珍藏為題，刊載徵集所得物品的圖片資訊，從舊時實物觸摸過去歷史，讓歷史現身說法，證實它的永恆存在。

* 按：本章所見，部份是校友捐贈的展品，屬澳門博物館藏品。部份是個人收藏，沒有在展覽會場展示。

《回歸愛的教育——澳門曉明學校歷史珍藏展》7月2日揭幕，由澳門文化局局長穆欣欣、中聯辦宣傳文化部副部長殷汝濤、澳門博物館館長盧可茵、前校長范桂芳修女、校友代表黃懿蓮主禮，一眾校友出席觀禮，場面熱烈而感人。展期由2021年7月3日至10月3日。其後延展至10月24日。

* 展覽場館設計及展品佈置圖片由澳門博物館提供

展覽會場分為「校園遺風」、「教學園地」、「青春印記」、「愛的真諦」四個主題展區，分別介紹昔日曉明學校的發展歷程、校舍、設施，並透過當年的課本、學生筆記、功課簿、美勞作品、獎狀及畢業證書、紀念品、校園活動照片、師生通信等，展現當年的校園風氣，見證校園內外恆久的師生情誼。

尺牘
及
其他應用文
小學六年級上學期
目錄
高級小學
現代尺牘課本
第一冊
上海書局印行
現代小學課本
初級尺牘
第八冊
上海書局印行
尺牘
小學六年級上學期
現代教育研究社
文言對照
學生新尺牘
教科自修適用
Songs
FOR JUNIORS
CHAO MEI-PA
趙梅伯
The
One Hundred an
Best Song
With Piano Accompaniments
for HOME · SCHOOL
曉明女子中學歌集

地理課本

新編
現代國語
五下

三字經
人之初 性本善
性相近 習相遠
苟不教 性乃遷
教之道 貴以專

千字文
天地玄黃 宇宙洪荒
日月盈昃 辰宿列張
寒來暑往 秋收冬藏
閏餘成歲 律呂調陽

鑑韻幼學詩帖
勤天子重賢豪
文章教爾曹
學萬殷皆下品
惟有讀書高

新編小學課本
國語
初小第六冊

暑期課本
國語
社會算術
甲種第五冊
編者 錢選青等

初等小學讀本
訓蒙三字經
遵依國子監原本
香港文瀾五經書局印行

初等小學讀本
訓蒙千字文
遵依國子監原本
香港文瀾五經書局印行

初等小學讀本
訓蒙幼學詩
遵依國子監原本
香港文瀾五經書局印行

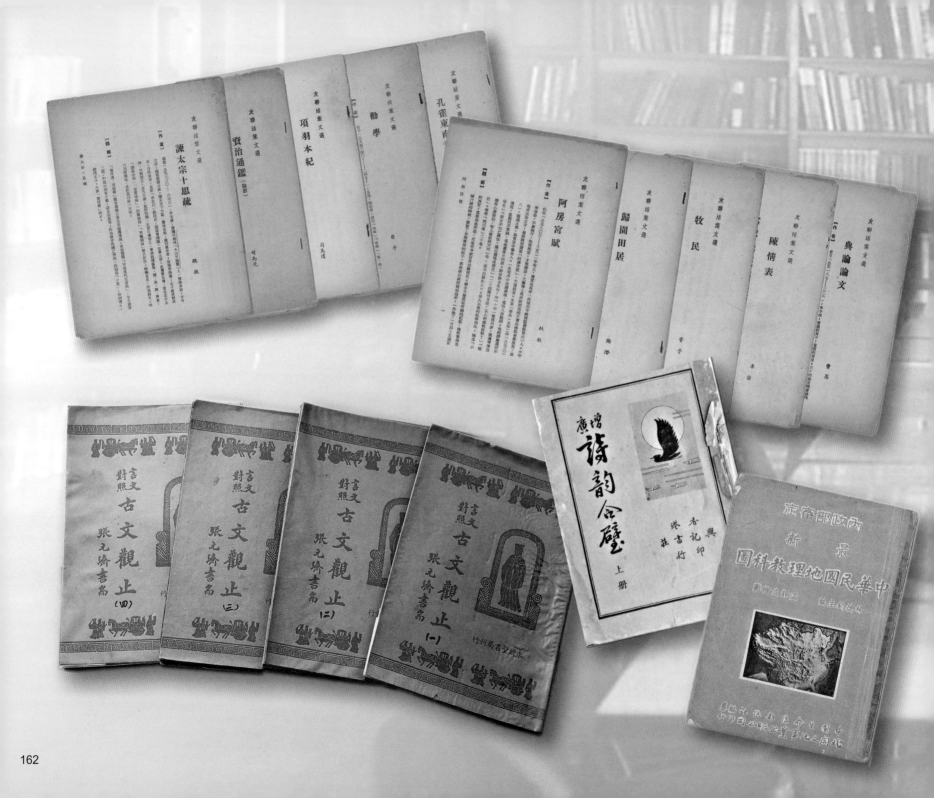

60年代《13点》漫畫

《兒童樂園》 1966、1972

《良友之聲》1968年第1、2、3期

一分天才 ● 九分勞力

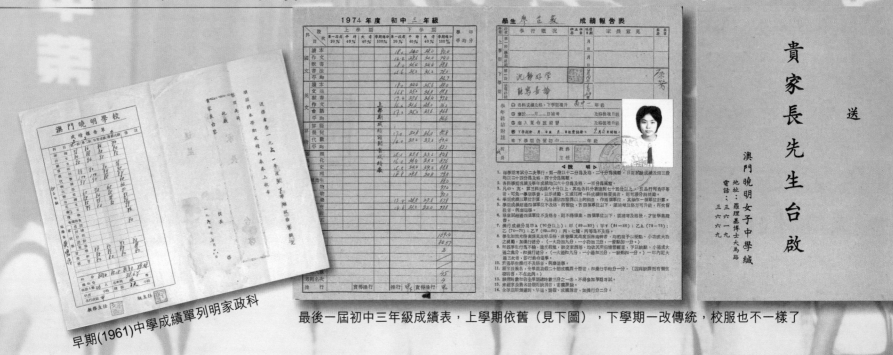

早期(1961)中學成績單列明家政科

最後一屆初中三年級成績表，上學期依舊（見下圖），下學期一改傳統，校服也不一樣了

送

貴家長先生台啟

澳門曉明女子中學縅

地址：羅理基博士大馬路
電話：三六一一九
　　　三六六九

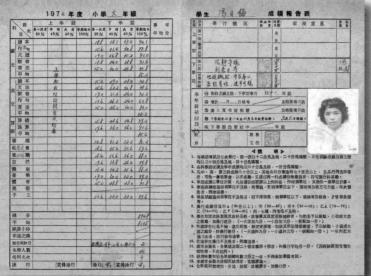

最後一屆小學六年級下學期成績表式樣有別於從前

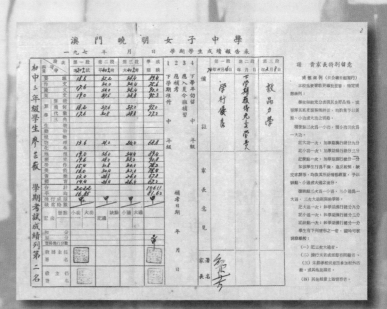

1974-75最後一屆初中三上學期成績表仍是傳統式樣

168

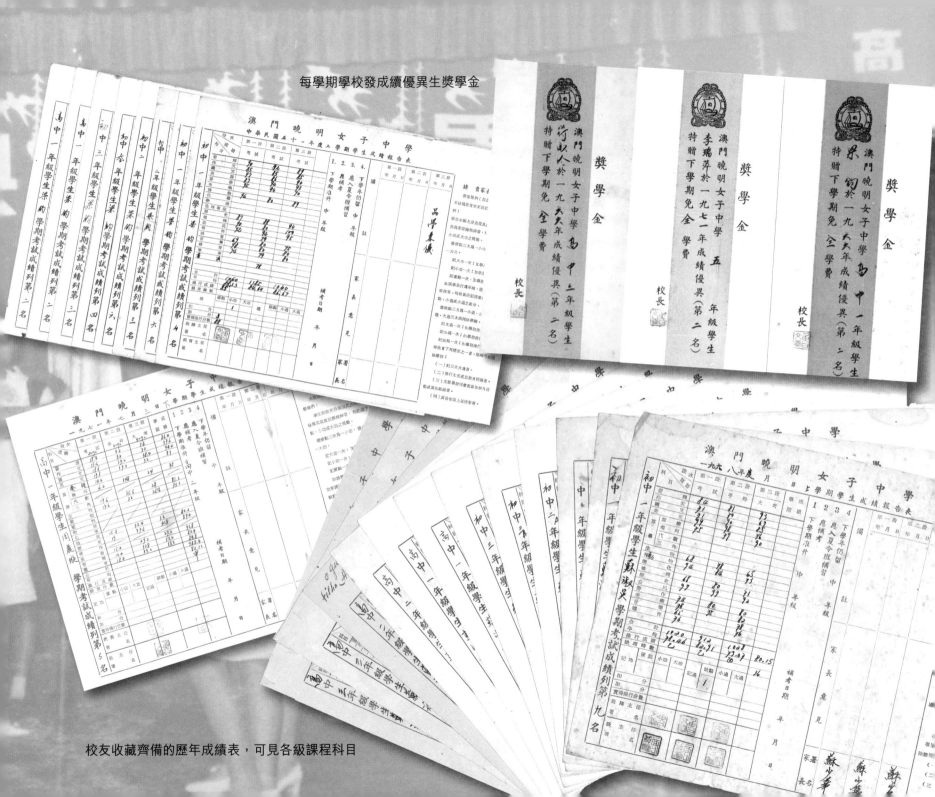

每學期學校發成績優異生獎學金

校友收藏齊備的歷年成績表，可見各級課程科目

僑校演講比賽獎狀

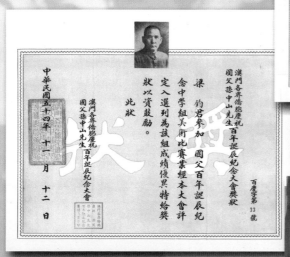
國父百齡誕辰紀念美術獎

國父百齡誕辰紀念書法獎

天主教學校要理比賽獎狀

中華函授學校獎狀

品學兼優獎狀

高中畢業證書(1968)

小學畢業證書(1969)

中華民國僑務委員會（1967年度之前）認可的
初中畢業證書(1965)

小學畢業證書(1966)

畢業禮備用的初中臨時畢業證書(1965)

最後一屆初中畢業證書(1975)

澳門天主教學校第一屆
運動會紀念章

1971天主教學校運動會
奪得的獎牌

歷屆畢業紀念戒指
（毅社及濤社）

校友周惠蓮指導兒子製作
曉明傳統特色親子復活蛋

音樂老師林名溢上課常用的
40年代國產手風琴

刺繡校徽（配用於冬季校褸）

金屬校章
（配用於夏季校服）

60年代活版印刷的圖片製版
（製作同學錄畢業照片）

班社印章（鍵社）

美術堂學生繪畫的絹畫作品

學生繪製藝術書簽

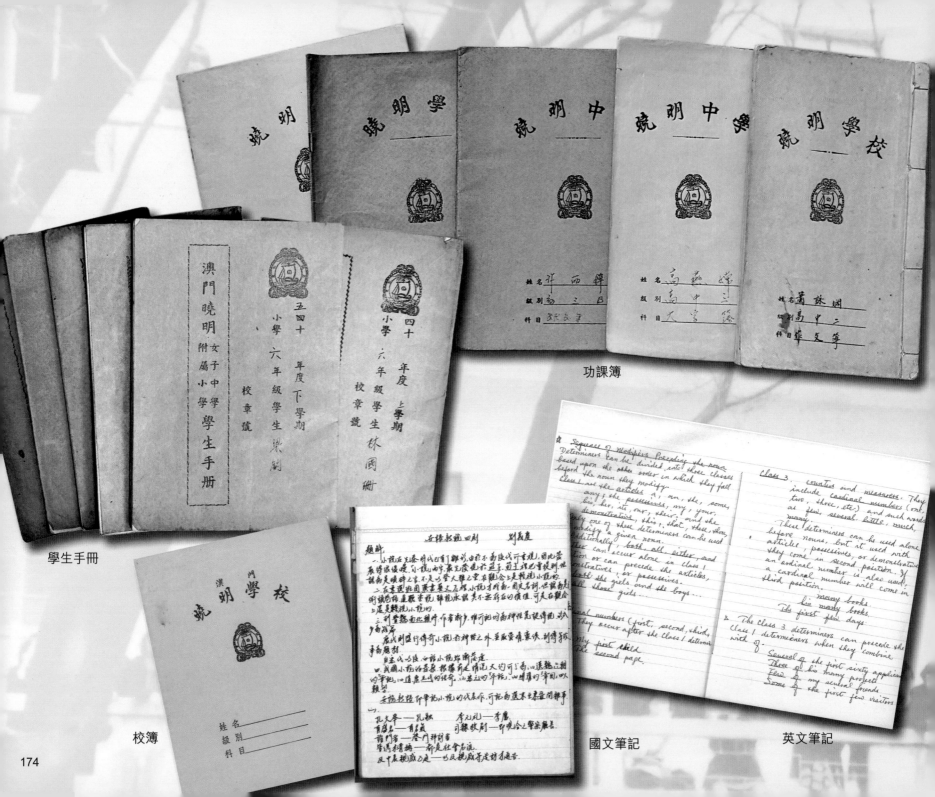

學生手冊

校簿

功課簿

國文筆記

英文筆記

小學大楷

高中大楷

初中抄書簿

高中作文簿

小六抄書簿

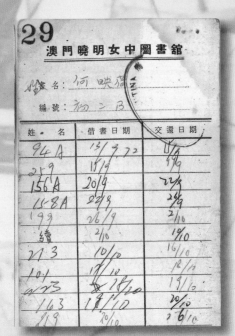

不同年代學生證

圖書證

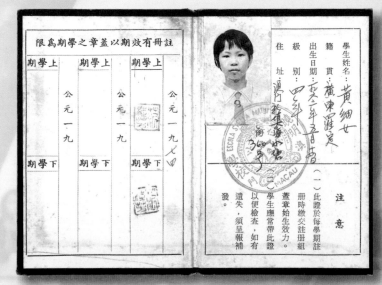
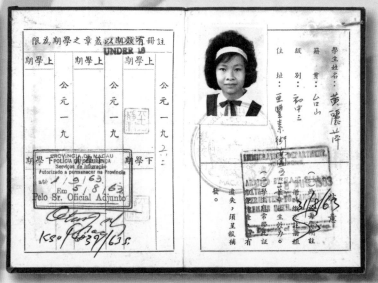

最後一年學生證

學生証內頁

8

全澳天主教學校慈善園遊會

曉明 ☆ 女中

$0.30

日期：一九六九年十二月廿七至廿八日

由下午三時至十一時

地點：聖 羅 撒 女 中

園遊會慈善券

№ 006000

曉明女子中學

茲收到 中小 六 年級學生 鄭桂鄉惠然

交來 12 月份膳宿費

葡幣 拾 60 元正 此據

本學期雜費 1 元 李

經手人

天主降生 196 9 年 12 月 12 日

學費收據

№ 016409

門 澳

曉明中學

費收據

天主降生一九六一年六月 日

茲收到 中小 二年級學生 學霆鳴

交來 留位費

葡幣 拾二圓二角整

此據

經手人

留位費收據

曉明中學 № 07348

繳費收據

茲收到

一年級學生 周惠琳 交來

費 葡幣 口拾捌員口 角整此據

經手人：弘

天主降生一九六八年十二月一日

№ 011650

曉明中學

繳費收據

茲收到

級學生 李瑞薛 交來

幣 十三元三角整此據

經手人：黃

一九七二年六月九日

177

歷屆畢業同學錄

曉明女子中學
畢業同學錄
1974

1970

utographs

畢業紀念冊

歷屆畢業同學錄

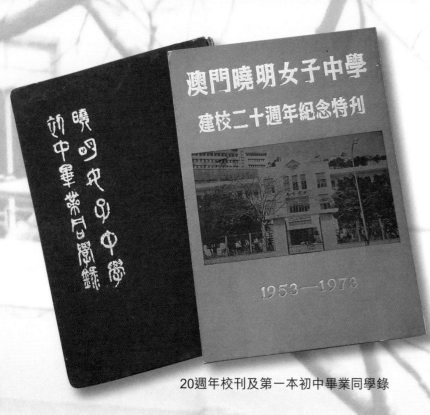

20週年校刊及第一本初中畢業同學錄

畢業紀念冊

學友題詞

畢業同學錄是同班同學的集體
回憶。每屆高中和初中畢業班
合併輯錄，最後一本(1974)高
三、初三連小六畢業班合輯；
而最後一屆畢業班(1975)正處
於轉校時期，沒有出版同學
錄，只能在二十週年紀念刊中
尋找自己的身影。

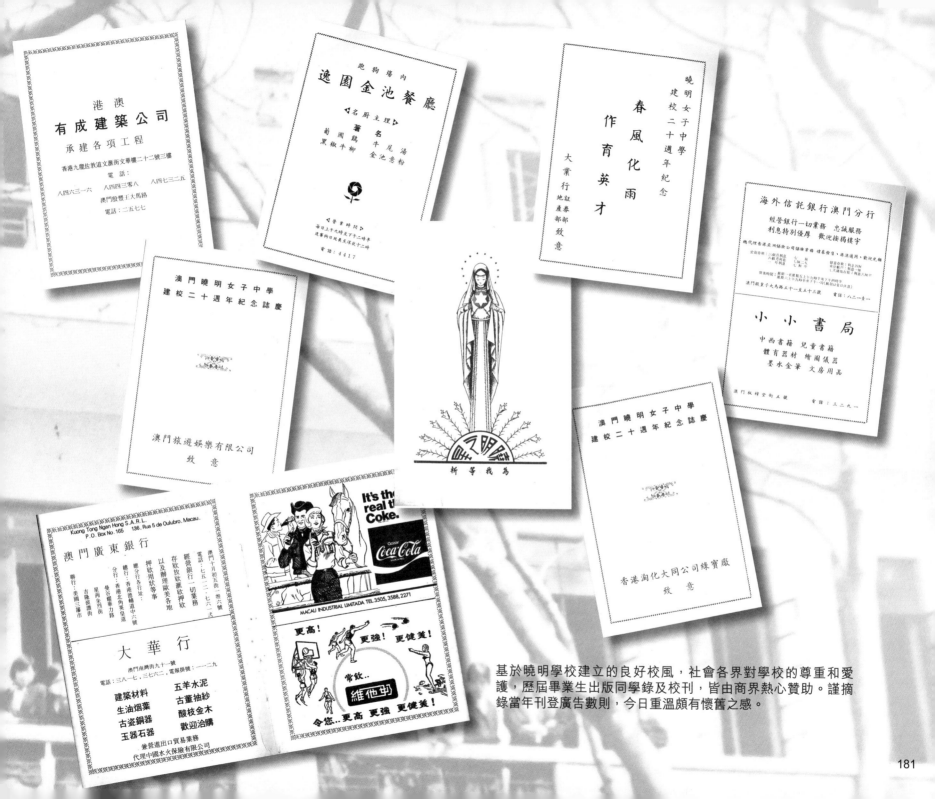

港澳
有成建築公司
承建各項工程

香港九龍佐敦道文匯街文華樓二十二號三樓
電話：
八四六三一六　八四四三零八　八四七三二五
澳門殷豐王大馬路
電話：二五七七

跑狗場內
逸園金池餐廳

◀名廚主理▶

葡國雞　牛尾湯
黑椒牛柳　金池意粉

◀營業時間▶
每日上午九時至下午二時半
建華的日起晏至深夜十二時

電話：4417

曉明女子中學
建校二十週年紀念

春風化雨
作育英才

大業行
地產證券部
致意

海外信託銀行澳門分行
經營銀行一切業務　忠誠服務
利息特別優厚　歡迎接洽樓宇
總代理香港亞洲保險公司保險業務　債券發行、港澳通用、歡迎光顧

小小書局

中西書籍　兒童書籍
體育器材　繪圖儀器
墨水金筆　文房用品

澳門板樟堂街五號　電話：三二九一

澳門曉明女子中學
建校二十週年紀念誌慶

澳門旅遊娛樂有限公司
致意

澳門曉明女子中學
建校二十週年紀念誌慶

香港淘化大同公司綠寶廠
致意

Kuong Tong Ngan Hong S.A.R.L.
P.O. Box No. 165　136, Rua 5 de Oulubro, Macau.

澳門廣東銀行

經營銀行一切業務
存欵放欵滙欵押欵
以及辦理欵項事
押欵用狀等事

總行：香港德輔道中六號
分行：香港北角英皇道

大華行

澳門南灣街九十一號
電話：三八一七、三七六二、電報掛號：一一二九

建築材料　五羊水泥
生油烟葉　古董抽紗
古瓷銅器　酸枝金木
玉器石器　歡迎洽購

兼營進出口貿易業務
代理中國水火保險有限公司

It's the
real thing
Coke.

Coca-Cola

MACAU INDUSTRIAL LIMITADA. TEL. 3505, 3588, 2271

更高！
更強！更健美！

常飲..
維他奶

令您..更高 更強 更健美！

基於曉明學校建立的良好校風，社會各界對學校的尊重和愛
護，歷屆畢業生出版同學錄及校刊，皆由商界熱心贊助。謹摘
錄當年刊登廣告數則，今日重溫頗有懷舊之感。

高中第二屆雁社

高中第五屆毅社

高中第一屆旭社

高中第四屆恆社

高中第三屆蜂社

高中第六屆進社

高中第七屆濤社

高中第八屆勵社

高中第十一屆旭社

初中第十五屆淑慎社

高中第九屆堅社

高中第十屆鷗社

初中第十四屆鍵社

初中第十六屆雁社

183

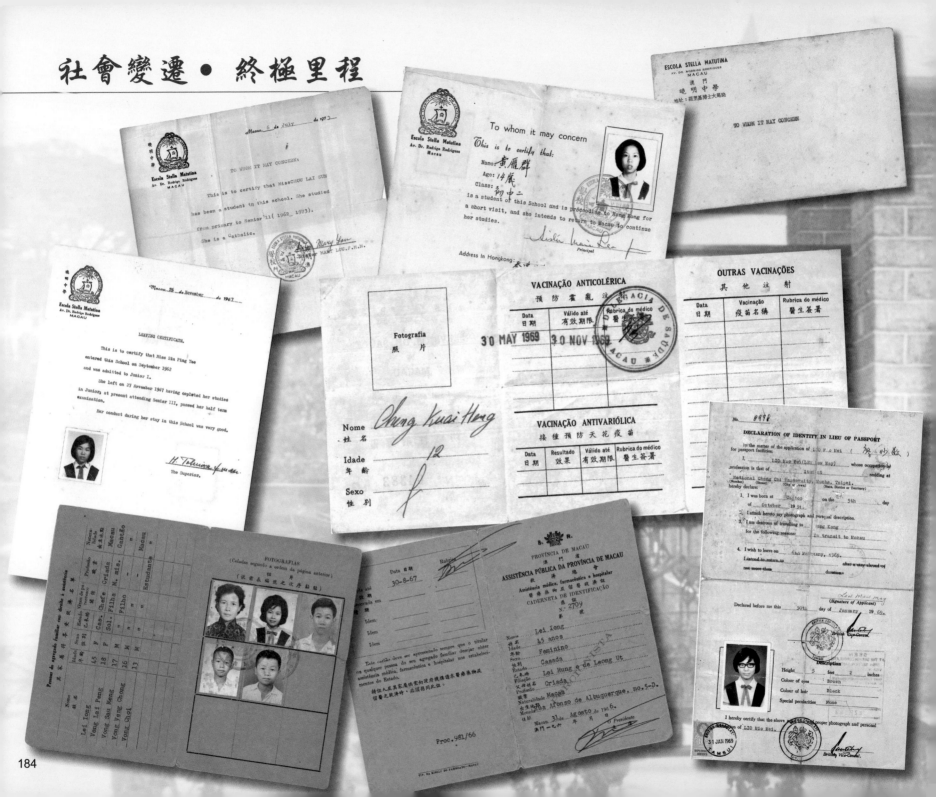

1974教職員聘約

1974最後一份聘書

老師資歷證明書

澳門曉明學校

可敬的家長們

COLÉGIO DE SANTA ROSA DE LIMA
MACAU
ENGLISH SECTION PRIMARY SCHOOL

Dear Parents,
7th April 1975.

This letter will reach you at the same time as a similar one will be received by every parent of our schools: Franciscan Missionaries of Mary Colégio Santa Rosa de Lima - Chinese Section and English Secondary - and Stella Matutina.

In accordance with the evolution of our time, our religious congregation, scattered throughout the world, is making an overall and long-term planning of all our apostolic works. Here in Macau, this is also in keeping with the desires and plans of local and diocesan authorities.

We have given very careful study to our projects and have finally arrived at a decision, the consequence of which would mean very definite changes in the locality of the various sections of our schools this coming scholastic year.

We will have only one Chinese School, occupying the first and second floor of the main building of Sta. Rosa. The ground floor will be occupied by the Portuguese Section. English Secondary Sta. Rosa will be moved to the building now known as Stella Matutina. Our own Sta. Rosa English Primary School will take over the building at present occupied by the Chinese Primary School, previously known as Pius XII.

In general, changes are never easy, as it means re-adaptation and new thinking. There will always be losses and gains on all sides, and some people will suffer changes much more than others. Our religious community has been acutely aware of all this; and we have endeavoured to the best of our ability to do all we can for the best of all.

We feel sure that we can rely on the understanding, co-operation and support of our parents over the period of changes and transition.

For our Primary School, all I will say is, "At last we can have a unit all our own!"

Wishing your family God's blessing,

I remain,
Yours sincerely,

Rita Baptista
Principal

1975邀請老師轉校任教聘書

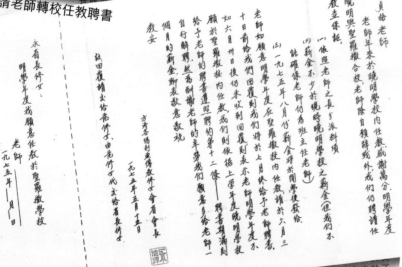

方濟各瑪利亞傳教修女會

台、港，澳省區省長

方濟各瑪利亞傳教修女會

致曉明學生家長：

家長們歷年來將貴子女託於本修會之學校內就讀，對本會之信任，非常感激，觀之近年來社會各方面的改變，是以現今世界各組織機構無不着重策劃以及不斷地努力適應環境。又為應付今日複雜的社會環境，人們需要更多的合作，大家朝着為人類幸福的目標前進。

就最近澳門政府對教會人士所作的演講中，呼籲各界人士彼此合作，合併力量，為能在競爭的環境中得以生存，澳門天主教會也如此強調。我們不應再分散力量，各自為政，而該同心合力，一同前進，近來澳門天主教會——方濟各瑪利亞傳教修女會——自一九七二年羅馬大會之後，世界各地省區對其傳教工作都作重新的評價及計劃，在許多事實中已表明此種立場。至於本會——修會內人力、物力之分散，曉明女中校內人數日減，聖羅撒校內校舍複雜的情形，並應教會及本修會的要求，我們都覺得有重新調整及革新的必需，經過了長時間的徵詢、考慮、討論，本會決定於一九七五年九月開始，方濟各瑪利亞傳教修女會於澳門地區，自此將只有一所統一的學校，以聖羅撒為名，校內以語言劃分為中文部、英文部、葡文部三部。中文部及葡文部以聖加辣會院院址為校址。（該處佔地較大：澳門加辣堂街二號）英文部則以曉明會院院址為校址。（澳門羅理基博士大馬路二十七號），統一由方濟各瑪利亞傳教修女們管理。（各項皆就現讀於曉明學校的同學而訂）

此項新計劃的實施，在考慮到家長們的困難情形，我們決定了以下的各項實施要點：

（一）現讀該校學生，於下學年度仍願就讀於本會實施統一學校者，得有權在中、英、葡三部可任選一部就讀。（選讀英文部及葡文部者要經過考試，選讀中文部者免試）

（二）在其後三年內（即由一九七五學年度至一九七七學年度完止），原有就讀曉明學校學生就讀於曉明會院院址為校內的同一的學校內者，所繳學費以聖羅撒學校學費之半為原則，雜費全部各家自行負責。（其總額與現時曉明學校所收費用大約相同）家境清貧者，得依現時曉明學校校務處，實施減費。

（三）自該校第一屆至一九七四年度之學生（積分存根）學籍全部保留於實施統一後的中文部教務處負責。

（四）現職於該校的教師們，除自願辭職外，皆仍聘於中文部內任教。

（五）原則上，中、英、葡三部校服劃一，但學生無論就讀於任何一部，仍可使用舊有校服。直至破舊換新為止。

（六）學生宿舍仍保留於現時曉明學校校址。

（七）為幼少的住宿生及新填海地區的幼稚園及一年級同學，將就讀於本會實施統一學校者，將有校車每日於現時曉明學校校園內等待接送。（現讀本校學生免收車費）。

（八）三、四、五、六年級的該校男生，將保送到其他學校就讀。

（九）訂於一九七五年七月一日至七月五日，於現時曉明學校校務處，帶同留位費（小學十元，中學二十元），照片兩張，到該校辦理下學年度的各項註冊手續。請家長於上述日期，帶同留位費，到該校辦理下學年度的各項註冊手續。

以上新計劃的實施，當然會為家長們帶來了不少的不便，我們除在此致歉外，並自本日起，接受改變本來就不是一件容易的事情，該校內自願辦理下學年度的各項註冊手續，為此我們是需要家長們的諒解及支持，接受各位的詢問及盡量為各位解決有關的困難，為使將來我們能為貴子女提供更好的服務，任何選揀都有得失，但為使將來我們能盡量為各位解決有關的困難，我們接受各位的詢問及盡量為各位有專人恭候。（＊）

此我們謹在此向各位致以萬分的謝意！

方濟各瑪利亞傳教修女會
台、港、澳省區省長
【印：永德輝】
謹啟
一九七五年四月十日

（＊）自四月十一日起至四月三十日止，每天早晨七時至八時，中午十二時至下午二時，下午六時至八時，歡迎各位家長前往詢問。

永德輝省長致家長公開書，詳述曉明合併聖羅撒後，對學生的各項安排辦法

187

聖體軍徽章　　　　　校際要理比賽紀念章　　　會祖真福苦難瑪利亞聖牌　　初領聖體紀念聖牌

耶穌聖心與聖母進教之佑聖牌　　60年代唸珠聖牌　　　60年代十字架　　　無原罪聖母聖牌　　　聖方濟各聖牌

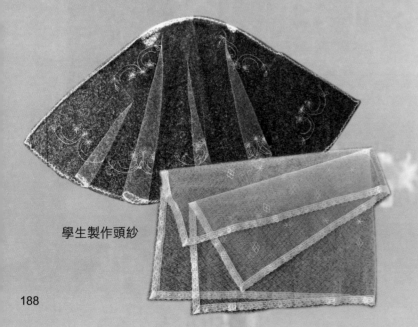

學生製作頭紗

黃一冰校友保存了逾一甲子的唸珠，是她在五十年代燒灰爐校舍寄宿期間的手造作品，由澳門帶到香港再帶到加拿大，年代湮遠，珠顆雖略有風化變質，但堅牢如故；現成為博物館珍藏曉明文物中最具歷史價值的展品之一。她又憑記憶重造一串當年的繩串唸珠（見小圖），同時送給博物館展出。

188

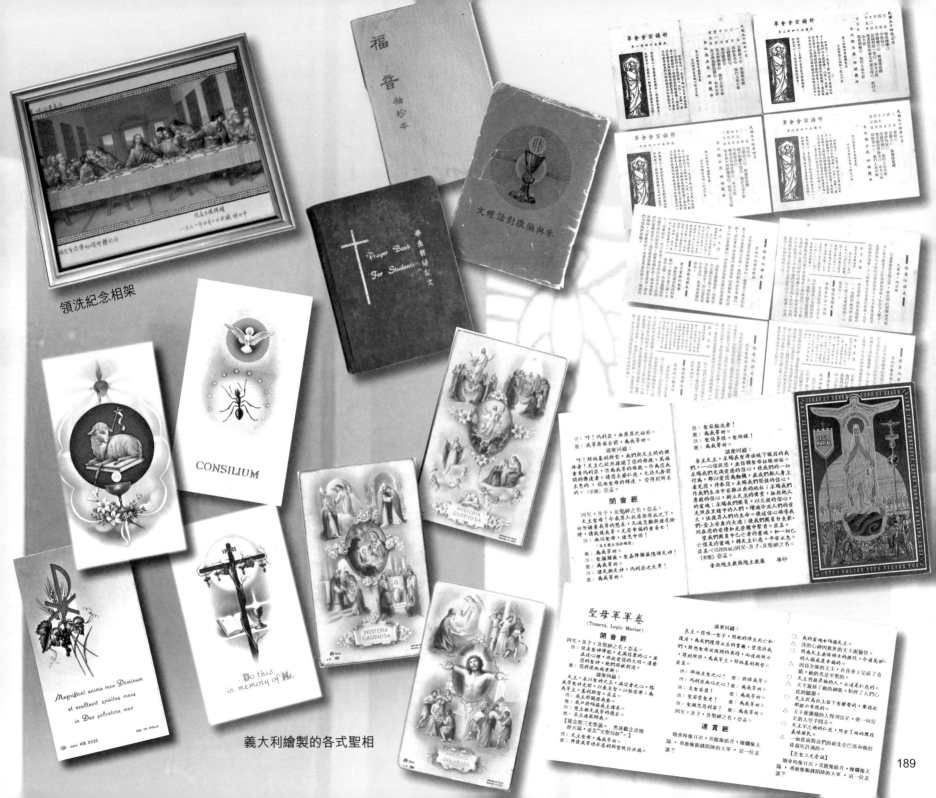

領洗紀念相架

義大利繪製的各式聖相

189

師生情重 ● 紙短話長

Hsinchu 16/3 2003.

Dear Maria Rosa
and Family.

Thank you Dear Friends for your
birthday greeting and the generous gift
included. The Lord will repay I pray.
One week passed since the big celebration
so I am late to come and thank you.
The week after I was so busy to answer
all the good wishes. 15 of our Stella Matutine
were present for the celebration it was
rederine by the blessing of the lovely Statue
and the singing of the school hymn, after
lunch for 100 person present, we had a
good time together. Find here the photo
of the Statue gift from our girls. H.K. Macau.
I make a rope letter to answer all the
good wishes, read it here included.
Hope you and Oiman are fine and busy.
May the Lord keep and garde you safe from
all danger. We just heard about news of war.
With prayer and love
Sr. Rosalia
f.m.m.

平靜修修女給學生的英文書信，
從台灣寄到美國

惠蓮賢生—好友—主內姊妹.

Good news! unto you is
Born a savior who is
christ the lord. in him all
the gifts of god are given to
you at this christmas time.

好久沒有你的消息，我天
落入工作的深淵，也沒有好好
通信，不過在祈光中常會記憶
你學生的時代，顏聖誕帶給
你幸福愉快

范桂芳修女手繪聖誕賀
卡送學生，從澳門寄到
澳洲

190

范叔子老師給蜂社的畢業賀卡，從美國寄到澳門

魯文鳳修女最後的顫抖筆跡，從台灣寄到香港

Para as alunas finalistas
da Escola Stella Matutina, uma
frase muito significativa:
Dai-me, Senhor, a alegria de
viver, lutando.

30 de Maio de 1972

+ Paulo J. Tavares
Bispo de Macau

戴維理主教 Dom Paulo Jose Tavares, Bispo de Macau (1961-1973)

樹立模範之人格
培育未來之英才

魯文鳳
文鳳

校長魯文鳳修女 (1922-2013)

As the winds of the sea are
the ways of fate.
As we journey along through life
'Tis the Will of the soul that
decides the goal
And not the storm or the strife

M. Tolmica
f. m. m.

Stella Matutina 1968.

曉明創辦人平靜修修女 (1913-2014)

金環同學
高中畢業誌念

樂觀中奮鬥
研究中進步
累積中成就

達義 一九七〇

訓育主任／代校長范桂芳（達義）修女（1926 --）

Dear Alice

Not what we plan makes us praiseworthy, but what we actually do.

Not just a single attempt makes us good people, but a life long struggle

God bless you, Alice

Sr. Vida, f. (M. Rea)

Stella Katutive, Macau

May 27, 1970

省長永德輝修女 (1925-2019)

在絕望的環境中散播希望，
在仇恨的地方種下仁愛；
願基督精神常活於你們心中．

書婷

學校畢業同學們

木鐸 吳永照

主曆一九七二年五月八日

吳永照神父 (1930-2003)

聖賢之里
滋勵永們

一九八八年於培正

畢業同學

麥雪光神父

麥雪光神父 (1925-1997)

Dear Clara - Louisa,

Love Jesus and keep Him for your friend, who, when all go away, will not leave you nor suffer you to perish in the end.

Yuet Wah College, 30-4-1963.

Fr. Mario Calvi/SDB

查神父

查其威神父 Fr. Mario Calvi SDB
(1906-1972)

Let the sun shine while it's shining.
Let the storm pass while it's thundering

L. Rubini

魯炳義神父 Rev. Fr. L. Rubini, SDB (1920-2009)

My dear Graduates.

You have finished your studies. Your eyes are going to discover a new world...; it will be all for you if you will be able to conquer it by means of your efforts and sacrifice. You have received much, give much. May O. Lord and O. Lady bless all of you.

Your Chaplain Fr. E. Rescalli.

林文瑞神父 Fr. Ernesto Rescalli SDB
(1913-2015)

193

鵬程萬里

唐華祥

唐華祥老師

無讓鬚眉

戊申孟夏書此以贈

曉明高三畢業同學

林倉

林倉老師

泰山不讓土壤，故能成其高；河海不擇細流，故能就其深。

聞立忠
一九六八年！

聞立忠老師

自己應為的事，勿求他人。

今日應為的事，勿待明日。

燕嫦同學：

張學浚

一九六七夏

張學浚(堯卿)老師

思想純潔、意情高尚，行止優美者，乃最上之生活。

范叔子老師

194

雁群同學留念。

金錢並非萬能，
友誼價值最高！

前程　從此……

做成「正直桐志」之境地！

何永幹
五七年……
校慶……

何永幹老師

看恆為求
功之本

瑞好同學

陳仿勳

陳仿勳老師

黃濤老師

鋒社畢業同學勇念

合羣上達

林薇

林薇老師

有德必有勇．

正直的人決不胆怯．

題為蕭詠嫻同學初中
畢業紀念

柴江楓　一九六三於曉明

柴江楓老師

195

養天地正氣
法古今完人

峰社同學誌念
周慕濂家姓

周慕濂老師

天行健
君子自強不息

旭社之友雅屬
林名溢敬題

林名溢老師

The natural flights of human mind
are not
from pleasure to pleasure
but
from hope to hope

Lucia Leung
1975

梁衍慈老師

蜂社同學錄

甯子峰

甯子峰老師

驕滿人生之大忌也,
驕者敗滿者溢,不
可不慎也,惟
諸君勉之,

趙濟民謹題

蜂社同學畢業誌念

趙濟民老師

一個人能念得多書,則念易致富,你念能致富,
你念能求知,則你念能成為有智識,你念
多讀一分知識,就足以多增你的一分有
意義之生命,

正薇同學勉之

潘嘉麟
23/5/75

潘嘉麟老師

196

靜以修身
儉以養德
史聞馨

史聞馨老師

有志竟成
劉景清題

劉景清老師

西諺有云：青鳥在自己手
中，意思是人～掌握着
自己的前途。
瑞好同學留念
葉仕錦 四、九、四

葉仕錦老師

瑞好同學留念：
書到用時方恨少，
事非經過不知難。
麟
七六三五、七

楊燦麟老師

別人贊同你時，你便會樂而忘形。
別人不贊同你，卻能逼你深自思量。
瑞好同學 勉之
賴南坤 一九六六．三．四

賴南坤老師

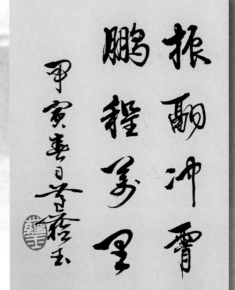

振翮沖霄
鵬程萬里
甲寅春日黃蘊玉

黃蘊玉老師

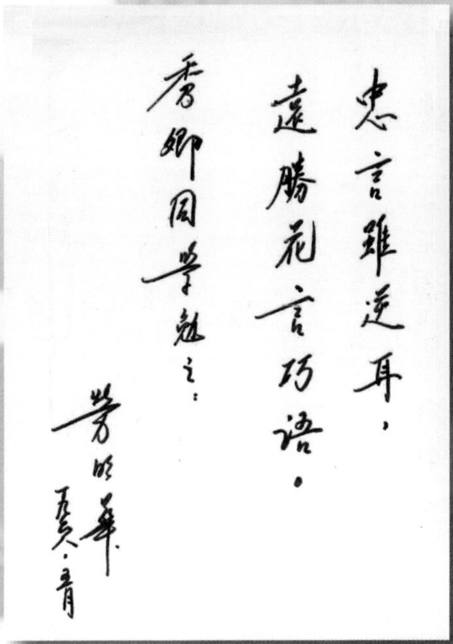

勞明華老師 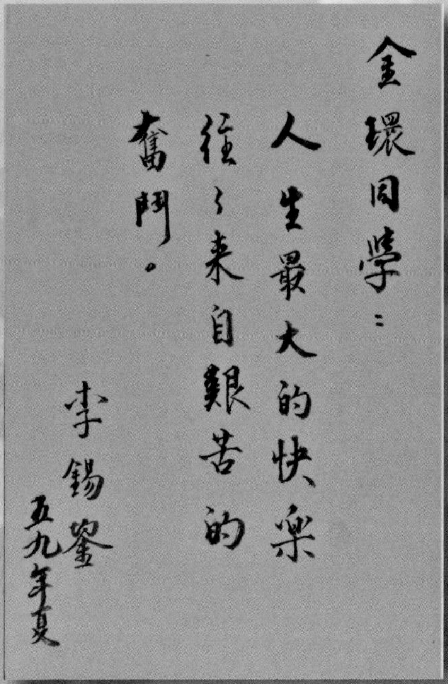　　　　　　李錫鋆老師 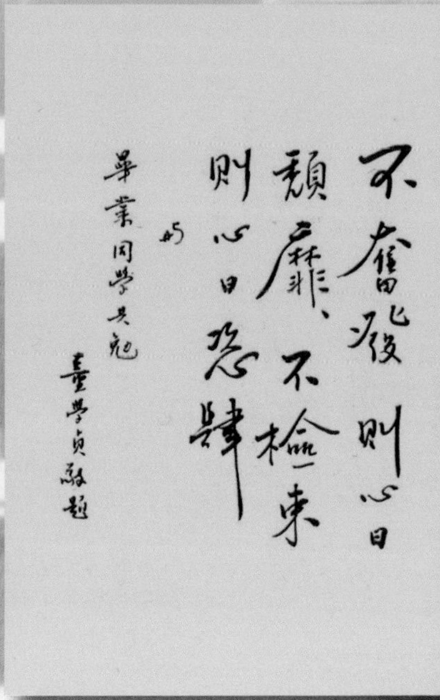　　　　　　董學貞老師

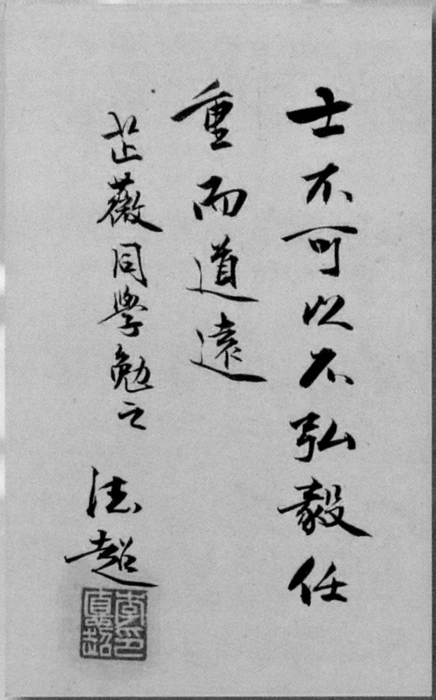

李德超老師 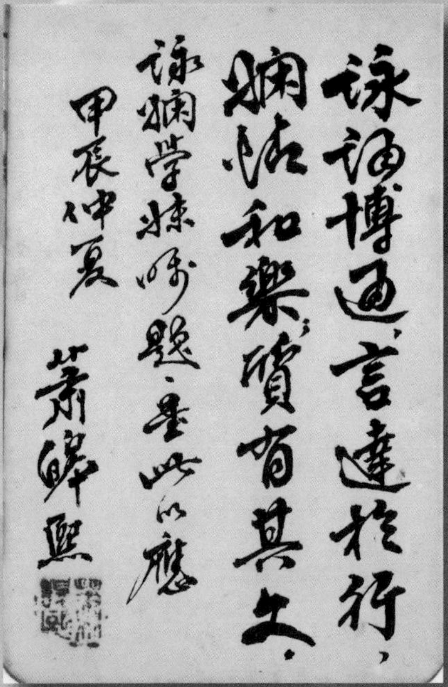　　　　　　蕭鎛熙老師 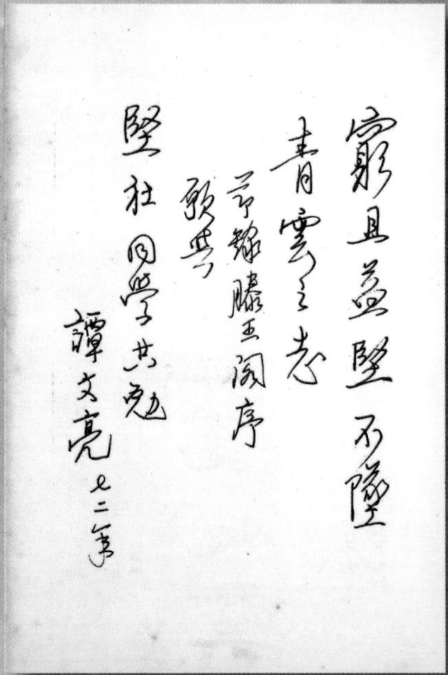　　　　　　譚文亮老師

正心以修身
謙虛以博學
堅忍以成志

瑞好同學留念

張志明

張志明老師

認識自己，把握自己，創造自己。

瑞好賢棣

羅燦坤
二〇〇六、六、

羅燦坤老師

謙虛是美德，
勤奮是基礎，
兩者結合一起，
沒會開花結果的。

詠嫻同學勉之。

葉敏來

葉敏來老師

玉不琢不成器
人不學不知道

高三同學共勉

與

董長春

董長春老師

「讀書就是燈」因為讀書可以幫助工作，
可以增加工作的燈量。
～李破崙～

雁群同學話念。

黎妙蘭

黎妙蘭老師

雁塔題名垂宇宙
群賢畢至論文章

群學棣

阮榮森
壬子年

阮榮森老師

199

結語

　　本書以師長題詞作為總結，題詞具有勉勵、期許、啟迪、祝福之意，同學以之為座右銘，是日後處世做人求學問的指標。數十年後的今天，重讀精簡的章句，仍感受到為師者的語重心長，以及對學生和教育事業的殷殷期盼。

　　自1963年蜂社創辦第一本初中畢業同學錄，至1974年最後一屆高中畢業，加上學校二十週年紀念特刊，曉明共出版了十三冊校刊，除了真實紀錄學校的歷史軌跡，也為同學留下珍貴的校園回憶以及神長、老師的嘉言勗勉。此外，歷屆畢業同學又自備個人紀念冊，邀請師長學友臨別贈言，佳句美詞累積非常豐富。

　　題詞不少用毛筆書寫，具見當代文人風骨，從中亦可管窺曉明中學貫徹始終的教育精神，以及師生間親密濃厚的情誼。

　　流年逝水，此情不再，昔日師長大部份已離棄人間；念逝者高誼，生者縈牽，其金石良言，歷久彌新。藉此最後篇章，謹以摘錄師長題詞，權充本書後跋，與讀者共勉之！

——完稿於2021年11月21日

✷ 右圖原載1965年畢業同學錄

鳴 謝

本書出版承蒙下列人士及校友多方協助，謹此致謝。

- 澳門華僑報社長鄭秀明女士

- 瑪利亞方濟各傳教修會省長阮美芬修女

- 曉明中學前校長范桂芳修女

- 良友之聲出版社社長梁熾才神父

- 封面及扉頁書法題詞：金耀基教授

- 撰寫序文：高家裕教授、黃素君博士、黎廣基博士

- 撰述校友心聲：沈靄慧、康健梨、張若霞、陳昭儀、陳添根、黃一冰、黃秀英、黃修忻、黃綺棋、黃懿蓮、楊子冰、
  葉漢明、簡少娟、蔡麗卿、蘇淑英

- 提供學校文物珍藏資料：
  何金環、何映荷、李瑞萍、周桂冰、周惠琼、周惠蓮、周麗璇、林炳煥、林德文、林國珊、林瑞好、高煥釗、高燕嫦、
  張貞梅、梁英、梁鈞、梁燕鳴、梁錦美、盛雪蘭、符淑玲、許麗嬋、陳秀卿、陳惠玲、陳鳳玲、陳鳳環、陳燕玲、
  馮月梅、黃一冰、黃秀英、黃細女、黃碧淳、黃雁群、黃麗萍、黃懿蓮、楊美瑜、楊葆靈、楊碧霞、源英蘭、
  葉佩琼、葉愛群、廖芷薇、廖婉薇、廖滿潔、劉潔梅、陸美菱、鄭桂卿、鄭惠然、蕭冰儀、蕭詠嫻、關燕屏、關燕卿、
  鄒瑾瑾、蘇淑英

- 出版贊助：黃修怡、黃修忻

（蒐集資料接觸人物眾多，名單如有錯漏，敬請海量包涵）

書名：破曉明燈 — 中國百年歷史人物平靜修
作者：廖妙薇
出版：懿津出版企劃公司
出版日期：2015年5月
國際書號：978-962-8748-37-2
定價：港幣120元

《亞洲週刊》【好書速讀】

追溯澳門曉明中學傳奇
廖妙薇重溫濠江滄桑史

《破曉明燈》書中的很多真實的故事，反映出當代澳門的社會民生和經濟狀況，並記錄了澳門人自力更生改變社會的歷程；直至今天，當時的教育精神仍然在下一代延續承傳。該書記載了澳門教育史上一個重要的里程，可以給現代教育工作者和學生家長有所參照。（2015年•46期）

書評摘錄

西 斯・自強不息、厚德載物──讀《破曉明燈・中國百年歷史人物平靜修》

第一次在介紹一本書時感到下筆有點困難，因為內容實在太豐富，語意深長，教人不知從何說起。

平修女的身世與經歷相當傳奇，一位波蘭軍官之女，二十歲當修女，二十二歲來到中國，從此沒有回過家！修女在大陸經歷日本侵華、國共內戰戰爭苦難，十七年來一直服務中國貧苦無助大　，她更入過牢獄，絕食抗爭。來到澳門，修女目睹難民貧民求醫無門，先創辦「庇護十二醫院」，再辦「曉明學校」，吸納難民、貧民女兒入學，其一生行跡，不正是另一位德蘭修女？她的鋼鐵意志，見招拆招的解決難題能力與執行力，活脫脫就是位管理女強人。（2015. 7. 12 澳門日報）

林中英・讀《破曉明燈》

作者廖妙薇筆下展現出其母校發展的脈絡，並廣泛搜集對象採寫，事件清晰客觀，人物真實生動，情深細膩，文筆優美。本書不僅僅是曉明校友的記憶珍藏，也是澳門的一頁寶貴教育史，其庫存的永不過時的教育理念和經驗，會跨越時光甚至界限的。當社會走向富裕，也當十五年免費教育廣泛施惠的時候，教育界面對的社會問題卻比貧窮更形複雜與棘手。（2015. 6. 5 澳門日報）

盧干西・平靜修的國語觀

平修女以她一個外國人的視角，看待地域遼闊、方言　多的中國，她把國語視為代表中國人身份的唯一語言。一個外國人，並且早年在內地還因政治原因入過監、受到過不公平待遇，但她並沒有因此仇恨中國、沒有減少對中國的尊重與期望，反而教學生要愛自己的國家，要以做中國人為驕傲、以講國語為榮。這是何等的胸懷？（2015. 7. 31 澳門日報）

沈尚青・《破曉明燈》是上佳電影題材

如果楊千嬅的《五個小孩的校長》叫好又叫座，催人熱淚，引起社會熱議，我想，同樣是基於真實故事的《破曉明燈》若拍成電影，放到任何國際電影節，都不會失禮，隨時可以成為一部經典電影，「為澳門人爭光」。

《破曉明燈》有許多可以獨立成篇的電影情節：頑劣天才生、傳奇女子狄娜和平修女的情誼，便很富戲劇性。絕頂聰明、考第一、跳班、搗蛋、逃學出走、離校一年後「衣錦還校」被平修女掃地出門，到最後幹出一番事業與修女修好的狄娜，其人生後半段令人難以相信的能力，都在書中找到端倪。（2015. 8. 5 澳門日報）

作者：**廖妙薇**

資深傳媒、出版、藝評及寫作人

國立政治大學傳播學院學士、亞洲知識管理學院院士

歷任職香港及海外電視及新聞傳播機構總編輯及行政主管

80年代起為香港及內地各大報章期刊撰寫專欄

2000年創辦「戲曲品味」，積極推動中國傳統文化

歷年舉辦多項大型演出，編撰及出版多種戲曲專書

近著：《破曉明燈—中國百年歷史人物平靜修》(2015)

《舞袖回眸—21世紀香港粵劇備忘》(2016)

《脂粉風流—香港當代粵劇名伶錄》(2019)

《歷史有說話—曉明傳奇》(2022)

歷史有話說—曉明傳奇

作者：廖妙薇

編輯：廖妙薇

書法題詞：金耀基

美術設計：劉姵麟

美術排版：葉美玲

出版：懿津出版企劃公司

電話：852 - 39834301-2

電郵：lgcopera@gmail.com

網址：www.operapreview.com

印刷：培基鐳射分色印刷公司

國際書號：978-962-8748-43-3

出版日期：2022年2月

定價：HK$180

澳門曉明學校歷史珍藏展開幕 傳播愛的教育

回歸愛的教育——澳門曉明學校歷史珍藏展"開幕儀式

文化局轄下澳門博物館舉辦"回歸愛的教育——澳門曉明學校歷史珍藏展",於今日(7月2日)下午6時30分在澳門博物館大堂舉行開幕儀式,由文化局局長穆欣欣、中央人民政府駐澳門特別行政區聯絡辦公室宣傳文化部副部長殷汝濤、前曉明學校校長范桂芳修女、前曉明學校校友代表黃懿蓮及澳門博物館館長盧可茵主禮,一眾校友出席觀禮。

曉明學校於1953年在澳門設立,這所面向草根家庭的學校"以宏揚大愛為圭臬,以崇尚道德為教育方針",為貧困兒童提供學習園地,成為學生在初踏成長路上的破曉明燈。該校於1975年與聖羅撒女子中學合併,經近半世紀歲月沉澱成昔日校友的厚重回憶。

是次展覽分為四個部分,「校園遺風」介紹昔日校舍、設施以及學校的發展歷程;「教學園地」展示當年的課本、學生筆記、功課簿,以及勤工儉學所完成的勞動作品和藝術作品;「青春印記」展示當年的運動照片、獎狀、畢業證書和紀念品;最後「愛的真諦」展示各類活動照片和師生之間的通信,見證校園內外恆久的師生情誼。

https://www.gcs.gov.mo/detail/zh-hant/N21GBnM4I4;jsessionid=87FD1FBF46CCA8B0CF32FAC546EEB988.app03?0

穆欣欣局長獻辭

尊敬的澳門中聯辦殷汝濤副部長、尊敬的前曉明學校校長范桂芳修女、尊敬的前曉明學校校友代表黃懿蓮女士，各位朋友大家下午好。歡迎各位出席回歸愛的教育—澳門曉明學校歷史珍藏展開幕儀式。

澳門曉明女子中學，由波蘭籍修女平靜修於1953年創辦，翌年正式定名「曉明」，為澳門平民家庭的女孩提供免費教育。「曉明」取自拉丁文 "Stella　Matutina"，意為晨星。事實上，許多家境清貧的澳門女孩自此就有了 "破曉明星" 照亮人生道路。

1975年，曉明女子中學併入聖羅撒女子中學。

自1953到1975年，儘管只有短短22年，曉明中學對澳門教育事業卻有著不容忽視的影響。其影響，更多是來自務實的辦學理念：「從書本中學習知識，從生活中學習技能，尊重中國傳統文化。」一批批曉明學生步入社會，在各行各業中發光發熱，多有建樹；更有不少人投身教育事業，秉承母校信念，為社會作育英才，讓「曉明」精神得以薪火相傳，為澳門務實包容的社會精神的建設作出貢獻。

該校自合併至今已歷四十六年，但這所學校在諸多校友心目中，依然是一顆帶來光明、守護信念的破曉晨星。「念念不忘，必有迴響。」為了不使那份樸實卻閃爍著人性光輝的辦學初心、以及那短暫卻珍貴的廿二年悄無聲地淹沒在歷史長河的滾滾波濤之中，經多方努力，促成了這個「回歸愛的教育—澳門曉明學校歷史珍藏展」。

這些展品承載著該校師生的記憶，也反映了上個世紀五十至七十年代澳門的人文面貌和社會風尚。當然，最感人的是那份純粹而堅定的辦學信念，以及刻苦奮發的求學精神，不但能勾起過來人似曾相識的集體回憶，也會為年輕觀眾帶來觸動和鼓舞。

在此，感謝曉明校友的慷慨捐贈，謹祝展覽圓滿成功！

范桂芳修女獻詞

尊敬的殷汝濤副部長、穆欣欣局長、盧可欣館長，黃懿蓬校友，各位傳媒界朋友，以及出席的嘉賓，大家好！

今日我非常榮幸，亦非常感動，一間已經結束了四十幾年的學校，竟然能夠開辦一個學校歷史珍藏展覽，在此，我謹代表所有曾經在曉明教學和就學的老師和同學，向澳門博物館致以萬分的感謝！

今日這個展覽主題，開宗明義，說明曉明學校的教育，就是「愛的教育」。

我本人是從一九五三年開始，跟隨平修女一起開辦曉明學校，在那個艱難時代，好不容易把那些沒有書讀的孩子，一個個帶到學校，教她們讀書識字，教她們做人處世。後來學校結束了，學生長大成人了，但她們沒有忘記學校，沒有忘記修女和老師，我們師生間的感情一直維繫，從未中斷，這種長情和深情，世間少有。

曉明教育的，就是「家」的教育，同學之間就像兄弟姊妹一樣互相幫助；我們的老師、修女和學生好像一家人有講有笑；畢業的同學很有心，不時回來探望我們，師生一起回憶過往的學校生活，非常開心。我們雖然生活窮困，但精神有愛，彼此互相扶持的力量使大家堅強起來，有福同享，有難同當，有吃的大家分享，腐乳撈飯也吃得好開心。所以曉明教育是「家」的教育，「家」的教育就是一個「愛心」的教育。

曉明學生有甚麼特別？最特別的是，她們懂得珍惜，珍惜讀書的機會，珍惜人與人之間的情誼，珍惜上天給予的恩賜，珍惜人生的價值。我感到欣慰的，不是她們有甚麼名成利就，而是曉明畢業的學生，無論去到世界那個角落，都能夠懷抱感恩之心，回饋社會，學校的期望，她們都做到了。

我是一個修女，傳教是我的使命，教育是我的事業，兩者合而為一，正正體現了中國文化與基督信仰的共通，中華民族幾千年的傳統文化，奠基於「天人合一」的哲學思想，曉明學校就是憑著「敬天」和「愛人」的信念，把東方的道德哲學和西方的自然哲學接軌，這樣教育成才的學生，經過幾十年的人生實踐，她們都以樂觀、積極的生活態度，克服種種困難，無論處身那裡，都能夠做個堂堂正正的中國人，這正是曉明的創辦人平靜修修女在澳門辦學的初衷。

「曉明學校歷史珍藏展」能夠成功舉辦，我要感謝各地許多的曉明校友，願意為學校捐獻出自己珍藏幾十年的物件；還要特別感謝一位校友廖妙薇女士，她花了好多年時間，鍥而不捨地，追尋、發掘、重組學校的歷史，並且保持與文化局、博物館緊密接觸，最終成就了這個展覽。今日呈現在大家面前的，是一個立體的曉明，真實的曉明，希望大家欣賞。

最後，祝賀「愛的教育——曉明學校歷史珍藏展」圓滿、成功！祝各位身體健康！

《回歸愛的教育——澳門曉明學校歷史珍藏展》 7月2日揭幕，由澳門文化局局長穆欣欣、中聯辦宣傳文化部副部長殷汝濤、澳門博物館館長盧可茵、前校長范桂芳修女、校友代表黃懿蓮主禮。兩位司儀分別以粵語和葡語介紹展覽主題和內容。澳門眾校友出席觀禮，場面熱烈動人。

澳廣視/電視/澳門人澳門事

8月9日

TDM 澳廣視新聞 ✓
@tdmchinesenews · 媒體 / 新聞機構

7月2日

TDM澳廣視新聞

https://www.tdm.com.mo/c_news/tv_news.php?id=522534

TDM澳門人澳門事

https://www.tdm.com.mo/c_video/play_video.php?id=58590

生活朝點和劉宇亨在一起

7月13日 18:33

【FM100.7 生活朝點】節目重溫

《生活寫真》-【曉明精神】《回歸愛的教育》澳門曉明學校歷史珍藏展

不知道有多少聽眾，還記得澳門曾經有一所學校，由上世50年代開始建立，專門為家境清貧的女孩提供免費教育。由最初位於燒灰爐的舊校舍，搬遷到新填海區羅理基博士大馬路，最終於1975年與聖羅撒女子中學合併，原址就是現時的聖羅撒女子中學英文部。

她就是澳門曉明中學。

《回歸愛的教育》澳門曉明學校歷史珍藏展現正於澳門博物館舉行，是次專題展覽匯集昔日曉明學校的物品，向市民大眾展現這所面向草根家庭、為貧困兒童提供學習的校園生活概況，及校友們從未忘懷的情感和回憶。

今集《生活寫真》就以電話訪問形式，和身在香港的曉明學友，亦是今次展覽的策劃人 廖妙薇小姐進行訪問，由她親自為大家介紹展覽內容，以及分享關於曉明學校的歷史。原來在一眾曉明校友心目中，他們在母校所學習到的教育，稱之為"曉明精神"，到底"曉明精神"是什麼?展覽又會有什麼內容？一起來聽聽重溫吧！

TDM電台 · 生活朝點
Part 1 : https://www.tdm.com.mo/c_video/play_audio.php?id=14922
Part 2 : https://www.tdm.com.mo/c_video/play_audio.php?id=14923

市民日報
JORNAL DO CIDADÃO

【專題】

由文化局轄下澳門博物館舉辦的「回歸愛的教育——澳門曉明學校歷史珍藏展」今午在澳門博物館大堂舉行開幕儀式。

曉明學校於1953年在澳門成立，1975年與聖羅撒女子中學合併，經近半世紀歲月沉澱，為澳門草根家庭提供免費教育。展覽展示當年的照片、課本、畢業證書等珍品，重現上世紀五十至七十年代澳門的人文面貌和社會風尚。展期由7月3日至10月3日。文化局局長穆欣欣、中聯辦宣傳文化部副部長殷汝濤、前曉明學校校長范桂芳修女、前曉明學校校友代表黃懿蓮及澳門博物館館長盧可茵主禮開幕儀式，一眾校友出席觀禮。

文化局局長穆欣欣致辭表示，曉明學生讓「曉明」精神得以薪火相傳。

穆欣欣致辭時介紹說，澳門曉明女子中學由波蘭籍修女平靜修於1953年創辦，翌年定名「曉明」，為澳門平民家庭的女孩提供免費教育。「曉明」取自拉丁文「Stella Matutina」，意為晨星，許多家境清貧的女孩自此有了「破曉明星」照亮人生道路。

學子弘破曉晨星耀人生路辦學精神

一批批曉明學生步入社會，在各行各業發光發熱，讓「曉明」精神得以薪火相傳，為澳門務實包容的社會精神建設作出貢獻。該校自合併至今歷46年，但這所學校在諸多校友心目中，依然是顆帶來光明，守護信念的破曉晨星。

前曉明學校校長范桂芳修女稱，曉明教育就是「家」的概念和「愛」的共融。

范桂芳致辭時稱，她從1953年開始跟隨平修女開辦學校，在那個艱難時代，好不容易教育學生讀書識字和做人處世，到後來學校結束，學生長大成人，她們依然沒有忘記學校、修女和老師，師生間的感情一直維繫，從未中斷，曉明教育的就是「家」的概念和「愛」的共融。

傳教與教育中國文化基督信仰共通

身為修女，傳教是使命，教育是事業，兩者合而為一，正正體現中國文化與基督信仰共通，學校就是憑著「敬天」和「愛人」的信念，把東方道德哲學和西方自然哲學接軌，讓學生以樂觀、積極的生活

態度，做個堂堂正正中國人，這正是平靜修修女的辦學初衷。她感謝校友捐獻珍藏物件和校友廖妙薇重組學校的歷史，讓立體、真實的曉明再次重現。

愛的教育感化學生學校結束愛延續

展覽分4個部分，「校園遺風」介紹昔日校舍、設施以及學校發展歷程；「教學園地」展示當年課本、學生筆記、功課簿，以及勤工儉學所完成的勞動作品和藝術作品；「青春印記」展示當年運動照片、獎狀、畢業證書和紀念品；「愛的真諦」展示各類活動照片和師生間的通信，見證校園內外恆久的師生情誼。

展覽吸引一眾校友觀禮，一幕幕往事透過藏品重現眼前，場面溫馨感人。1968年第五屆畢業生高女士接受訪問時表示，畢業後她繼續留校從事教育工作直至學校結束，學校的成績表、手冊等一直保存至今；在科技尚未發達年代靠著通話維繫感情，每年都藉著彌撒、感恩節、校慶日和師生校友聚會增進情誼。她認為學校奉行「愛的教育」，修女一直以身作則感化學生，像大家庭般互助互愛，校友畢業後依然秉承無私奉獻精神。

最後一屆畢業生蘇女士稱，猶記起得知學校要合併的時候十分難受和不捨，有些同學更潸然淚下，她認為學校環境優美且收費便宜，師生關係非常融洽，現時亦會不時探望修女，把對學校和師長的愛延續下去。

《市民日報》專題組

https://mp.weixin.qq.com/s/PW6LWS4MHGx4IZwCZ42izA

《市民日報》專題組

華僑報
JORNAL "VA KIO"
創刊於1937年

澳博館展曉明學校歷史

2021-07-03 03:30:00

【特訊】文化局轄下澳門博物館舉辦「回歸愛的教育─澳門曉明學校歷史珍藏展」，於昨日下午六時三十分在澳門博物館大堂舉行開幕儀式，由文化局局長穆欣欣、中央人民政府駐澳門特別行政區聯絡辦公室宣傳文化部副部長殷汝濤、前曉明學校校長范桂芳修女、前曉明學校校友代表黃懿蓮及澳門博物館館長盧可茵主禮，一眾校友出席觀禮。

曉明學校於一九五三年在澳門設立，這所面向草根家庭的學校「以弘揚大愛為圭臬，以崇尚道德為教育方針」，為貧困兒童提供學習園地，成為學生在初踏成長路上的破曉明燈。該校於一九七五年與聖羅撒女子中學合併，經近半世紀歲月沉澱成昔日校友的厚重回憶。

是次展覽分為四個部份，「校園遺風」介紹昔日校舍、設施以及學校的發展歷程；「教學園地」展示當年的課本、學生筆記、功課簿，以及勤工儉學所完成的勞動作品和藝術作品；「青春印記」展示當年的運動照片、獎狀、畢業證書和紀念品；最後「愛的真諦」展示各類活動照片和師生之間的通信，見證校園內外恆久的師生情誼。

「回歸愛的教育─澳門曉明學校歷史珍藏展」展期為今（三）日至十月三日，歡迎公眾蒞臨參觀。澳門博物館開放時間為上午十時至下午六時（下午五時三十分停止售票），周一休館。持澳門居民身份證免費入場參觀，逢周二及每月十五日對公眾免費開放。文化局積極配合衛生部門發出的相關指引，做好防疫工作，市民必須佩戴自備口罩、接受體溫檢測、出示當天的個人健康碼及配合人流控制措施。展覽及其他相關活動詳情可於辦公時間致電二八三五七九一一查詢，亦可瀏覽澳門博物館網站www.macaumuseum.gov.mo。

http://www.vakiodaily.com/news/view/id/446880

澳門人報
6月29日

澳門曉明學校歷史珍藏展周五揭幕 回歸愛的教育

文化局轄下澳門博物館將於該館三樓舉辦「回歸愛的教育──澳門曉明學校歷史珍藏展」，是次專題展覽匯集曉明學校的昔日物品，向市民大眾展現這所面向草根家庭、為貧困兒童提供學習的校園生活概況，及校友們從未忘懷的情感和回憶。展覽將於7月2日（周五）下午6時30分在澳門博物館大堂舉行開幕儀式，展期為7月3日至10月3日，歡迎公眾蒞臨參觀。……（未完）

https://mp.weixin.qq.com/s/7Z8uIef28zUvm1ZfotTf4A

當前報紙日期：2021年7月3日　星期六

曉明學校歷史珍藏展開幕

四主題展示校園風氣發展歷程　曉明學校歷史珍藏展開幕

【本報消息】文化局轄下澳門博物館舉辦的"回歸愛的教育——澳門曉明學校歷史珍藏展"昨揭幕。展出曉明學校昔日物品，向大眾展現這所面向草根家庭、為貧困兒童提供學習的校園生活概況，以及校友們從未忘懷的情感和回憶。

開幕式於昨日傍晚六時半在澳門博物館大堂舉行，由中聯辦宣文部副部長殷汝濤、文化局長穆欣欣、前曉明學校校長范桂芳修女、前曉明學校校友代表黃懿蓮及澳門博物館館長盧可茵主禮，一眾校友出席觀禮。

敬天愛人育人才

曉明學校於一九五三年在澳門設立，這所面向草根家庭的學校"以弘揚大愛為圭臬，以崇尚道德為教育方針"，為貧困兒童提供學習園地，成為學生在初踏成長路上的破曉明燈。該校於一九七五年與聖羅撒女子中學合併，經歷近半世紀歲月沉澱成昔日校友的厚重回憶。

穆欣欣稱，曉明中學對澳門教育事業有着不容忽視的影響，展品承載着該校師生的記憶，也反映了上世紀五十至七十年代澳門的人文面貌和社會風尚。最感人的是那份純粹而堅定的辦學信念，以及刻苦奮發的求學精神，不但能勾起過來人似曾相識的集體回憶，也會為年輕觀眾帶來觸動和鼓舞。

范桂芳指出，展覽呈現的是一個立體、真實的曉明學校，學校憑着"敬天"和"愛人"的信念，把東方的道德哲學和西方的自然哲學接軌，這樣教育成才的學生，經過幾十年的人生實踐，她們都以樂觀、積極的生活態度，克服種種困難，無論身處哪裡，都能做個堂堂正正的中國人，這正是曉明辦學的初衷。

昔日物品證情誼

是次展覽分為"校園遺風"、"教學園地"、"青春印記"及"愛的真諦"四部分，介紹昔日曉明學校校舍、設施及學校的發展歷程。並且透過當年的課本、學生筆記、功課簿、勞動作品和藝術作品、各類校園活動的照片、獎狀、畢業證書和紀念品、師生通信等，展示當年勤工儉學的校園風氣，見證校園內外恆久的師生情誼。

http://www.macaodaily.com/html/2021-07/03/content_1527206.htm

傳播愛的教育　澳門曉明學校歷史珍藏展開幕

　　（本報訊）文化局轄下的澳門博物館，上週五（2日）下午舉辦「回歸愛的教育——澳門曉明學校歷史珍藏展」開幕儀式，由文化局局長穆欣欣、中央人民政府駐澳門特別行政區聯絡辦公室宣傳文化部副部長殷汝濤、前曉明學校校長范桂芳修女、前曉明學校校友代表黃懿蓮及澳門博物館館長盧可茵主禮，一眾校友出席觀禮。

　　穆欣欣局長在致辭中表示，曉明學校為澳門平民家庭女孩提供免費教育，而「曉明」取自拉丁文「Stella　Matutina」，有「晨星」之意，為家境清貧的澳門女孩提供「破曉明星」，照亮她們日後的道路：「展品反映上個世紀五十至七十年代澳門的人文面貌和社會風尚。當然，最感人的是那份純粹而堅定的辦學信念，以及刻苦奮發的求學精神，不但能勾起過來人似曾相識的集體回憶，期望也為年輕觀眾帶來觸動和鼓舞。」

　　前曉明學校校長范桂芳修女在致辭中，表示今次的展覽令自己非常感動，又指今次展覽的主題——「愛的教育」——十分貼切，因為這就是曉明學校的教育與精神：「我們師生間的感情一直維繫，從未中斷，這種長情和深情，世間少有。曉明教育的，就是『家』的概念和『愛』的共融，曉明人就是一家人。」

　　修女憶述自己由1953年開始，便與平靜修修女一起開辦曉明學校，逐個地帶每一個女孩入學，教她們讀書識字和做人處世：「若問我曉明學生有甚麼特別，我想最特別的是，她們懂得珍惜，珍惜讀書的機會，珍惜人與人之間的情誼，珍惜上天給予的恩賜，珍惜人生的價值。我感到欣慰的，不是她們有甚麼名成利就，而是曉明畢業的學生，不論去到世界哪個角落，都能懷有感恩之心，回饋社會。學校的期望，她們都做到了。」

　　修女又稱，自己是名修女，而傳教是使命、教育是事業，兩者合而為一，正正能體現中國文化與基督信仰的共通：「中華民族幾千年的傳統文化，奠基於『天人合一』的哲學思想，曉明學校就是憑着『敬天』和『愛人』的信念，將東方的道德哲學和西方的自然哲學接軌，這樣教育成才的學生，經過幾十年的人生實踐，都能以樂觀、積極的生活態度，克服種種困難。」

　　曉明學校於1953年在澳門設立，這所面向草根家庭的學校「以宏揚大愛為圭臬，以崇尚道德為教育方針」，為貧困兒童提供學習園地，成為學生在初踏成長路上的破曉明燈。該校於1975年與聖羅撒女子中學合併，經近半世紀歲月沉澱成昔日校友的厚重回憶。

　　是次展覽直至今年10月3日結束，展出一共接近150件珍藏品。而展覽分為四個部分，「校園遺風」介紹昔日校舍、設施以及學校的發展歷程；「教學園地」展示當年的課本、學生筆記、功課簿，以及勤工儉學所完成的勞動作品和藝術作品；「青春印記」展示當年的運動照片、獎狀、畢業證書和紀念品；最後「愛的真諦」展示各類活動照片和師生之間的通信，見證校園內外恆久的師生情誼。

https://www.oclarim.com.mo/zh/2021/07/09/return-to-the-education-with-love-exhibition-of-historical-objects-of-escola-stella-matutina-grand-opening/

濠江日報　2021-07-03 00:06:49

澳門曉明學校　歷史珍藏展開幕

【特訊】文化局轄下澳門博物館舉辦「回歸愛的教育──澳門曉明學校歷史珍藏展」於昨日開幕，是次展覽匯集曉明學校的昔日物品，向市民大眾展現這所面向草根家庭、為貧困兒童提供學習的校園生活概況，及校友們從未忘懷的情感和回憶。

開幕儀式於昨日下午六時半在澳門博物館大堂舉行，由文化局局長穆欣欣、中聯辦宣傳文化部副部長殷汝濤、前曉明學校校長范桂芳修女、前曉明學校校友代表黃懿蓮及澳門博物館館長盧可茵主禮，一眾校友出席觀禮。

曉明學校於1953年在澳門設立，這所面向草根家庭的學校「以宏揚大愛為圭臬，以崇尚道德為教育方針」，為貧困兒童提供學習園地，成為學生在初踏成長路上的破曉明燈。該校於1975年與聖羅撒女子中學合併，經近半世紀歲月沉澱成昔日校友的厚重回憶。

穆欣欣表示，該校自合併至今已歷46年，但這所學校在諸多校友心目中，依然是一顆帶來光明，守護信念的破曉晨星。「念念不忘，必有迴響。」為了不使那份樸實卻閃爍著人性光輝的辦學初心以及那短暫卻珍貴的22年悄無聲響地淹沒在歷史長河的滾滾波海之中，經多方努力，促成了這個「回歸愛的教育──澳門曉明學校歷史珍藏展」。展品承載著該校師生的記憶，也反映了上個世紀五十至七十年代澳門的人文面貌和社會風尚。當然，最感人的是那份純粹而堅定的辦學信念，以及刻苦奮發的求學精神，不但能勾起過來人似曾相識的集體回憶，也會為年輕觀眾帶來觸動和鼓舞。

范桂芳稱，曉明學生最特別的是，她們懂得得珍惜，珍惜讀書的機會、珍惜人與人之間的情誼、珍惜上天給予的思賜、珍惜人生的價值。感到欣慰的不是她們有甚麼名成利就，而是晚明畢業的學生，無論去到世界哪個角落，都能夠懷抱感恩之心，回饋社會，學校的期望，她們都做到了。……（未完）

http://www.houkongdaily.com/

华人头条　CHINESE HEADLINE NEW MEDIA　华人号：蓮花時報

澳門曉明學校歷史珍藏展開幕　傳播愛的教育

文化局轄下澳門博物館舉辦"回歸愛的教育──澳門曉明學校歷史珍藏展"，於今日（7月2日）下午6時30分在澳門博物館大堂舉行開幕儀式，由文化局局長穆欣欣、中央人民政府駐澳門特別行政區聯絡辦公室宣傳文化部副部長殷汝濤、前曉明學校校長范桂芳修女、前曉明學校校友代表黃懿蓮及澳門博物館館長盧可茵主禮，一眾校友出席觀禮。

曉明學校於1953年在澳門設立，這所面向草根家庭的學校"以宏揚大愛為圭臬，以崇尚道德為教育方針"，為貧困兒童提供學習園地，成為學生在初踏成長路上的破曉明燈。該校於1975年與聖羅撒女子中學合併，經近半世紀歲月沉澱成昔日校友的厚重回憶。……（未完）

https://www.52hrtt.com/za/n/w/info/D1624958039811

回歸愛的教育

曉明學校歷史藏展開幕　2021-07-03

【本報訊】「回歸愛的教育——澳門曉明學校歷史珍藏展」昨起在文化局轄下澳門博物館舉辦，展示這所曾在澳存在了廿多年的平民女孩學校昔日的光景。

展覽昨舉行開幕儀式，由文化局局長穆欣欣、中聯辦宣文部副部長殷汝濤、前曉明學校校長范桂芳修女、校友代表黃懿蓮及澳門博物館館長盧可茵主禮，數十校友出席觀禮。

穆欣欣致辭道，該校儘管只有短短廿二年，但對本澳教育事業卻有著不容忽視的影響，為務實包容的社會精神之建設作貢獻。又指最感人是那份純粹而堅定辦學信念及刻苦奮發的求學精神，不但能勾起過來人的集體回憶，也為年輕觀帶來觸動和鼓舞。

范桂芳在致辭時回憶起當時的辦學點滴，認為今次展覽呈現出一個立體的、真實的曉明。

曉明學校於一九五三年在設立，是「以宏揚大愛為圭臬，以崇尚道德為教育方針」，為草根家庭貧困女童提供學習園地，成為學生在初踏成長路上的破曉明燈。其於一九七五年與聖羅撒女子中學合併。……（未完）

http://www.chengpou.com.mo/dailynews/202252.html

Macau Cable TV 澳門有線電視
@macaucabletv · 有線電視及衛星服務公司　　7月3日 11:36

【#有線澳門】澳門曉明學校歷史珍藏展開幕 傳播愛的教育

文化局轄下澳門博物館舉辦"回歸愛的教育——澳門曉明學校歷史珍藏展"，於今日（7月2日）下午6時30分在澳門博物館大堂舉行開幕儀式，由文化局局長穆欣欣、中央人民政府駐澳門特別行政區聯絡辦公室宣傳文化部副部長殷汝濤、前曉明學校校長范桂芳修女、前曉明學校校友代表黃懿蓮及澳門博物館館長盧可茵主禮，一眾校友出席觀禮。

曉明學校於1953年在澳門設立，這所面向草根家庭的學校"以宏揚大愛為圭臬，以崇尚道德為教育方針"，為貧困兒童提供學習園地，成為學生在初踏成長路上的破曉明燈。該校於1975年與聖羅撒女子中學合併，經近半世紀歲月沉澱成昔日校友的厚重回憶。……（未完）

https://www.facebook.com/macaucabletv/posts/10159081232269584

澳門曉明學校歷史珍藏展開幕　向草根家庭傳播愛的教育

香港中通社澳門7月2日電 （記者 肖龍）

由澳門博物館舉辦的"回歸愛的教育——澳門曉明學校歷史珍藏展"，2日下午開幕。澳門特區政府文化局局長穆欣欣、澳門中聯辦宣傳文化部副部長殷汝濤等主持開幕儀式。

曉明學校於1953年在澳門設立，這所面向草根家庭的學校"以宏揚大愛為圭臬，以崇尚道德為教育方針"，為貧困兒童提供學習園地，成為學生在初踏成長路上的破曉明燈。該校於1975年與聖羅撒女子中學合并，經近半世紀歲月沉澱成昔日校友的厚重回憶。

是次展覽分為四個部分，"校園遺風"介紹昔日校舍、設施以及學校的發展歷程；"教學園地"展示當年的課本、學生筆記、功課簿，以及勤工儉學所完成的勞動作品和藝術作品；"青春印記"展示當年的運動照片、獎狀、畢業證書和紀念品；"愛的真諦"則展示各類活動照片和師生之間的通信，見證校園內外恒久的師生情誼。

http://www.1nn.net/zhongguo/taihaifengyun/81426.html
http://www.hkcna.hk/

澳門曉明學校歷史珍藏展傳播愛的教育

2021年 7月 8日 第686期　　第三版

【本報訊】文化局轄下澳門博物館舉辦"回歸愛的教育——澳門曉明學校歷史珍藏展"，於7月2日下午6時30分在澳門博物館大堂舉行開幕儀式，由文化局局長穆欣欣、中央人民政府駐澳門特別行政區聯絡辦公室宣傳文化部副部長殷汝濤、前曉明學校校長范桂芳修女、前曉明學校校友代表黃懿蓮及澳門博物館館長盧可茵主禮，一眾校友出席觀禮。該展覽展至10月3日，周一休館。持澳門居民身份證免費入場參觀，逢周二及每月15日對公眾免費開放。

曉明學校於1953年在澳門設立，這所面向草根家庭的學校"以宏揚大愛為圭臬，以崇尚道德為教育方針"，為貧困兒童提供學習園地，成為學生在初踏成長路上的破曉明燈。該校於1975年與聖羅撒女子中學合併，經近半世紀歲月沉澱成昔日校友的厚重回憶。

是次展覽分為四個部分，"校園遺風"介紹昔日校舍、設施以及學校的發展歷程；"教學園地"展示當年的課本、學生筆記、功課簿，以及勤工儉學所完成的勞動作品和藝術作品；"青春印記"展示當年的運動照片、獎狀、畢業證書和紀念品；最後"愛的真諦"展示各類活動照片和師生之間的通信，見證校園內外恆久的師生情誼。

http://59.188.27.235/content.asp?id=78875

注：網上資訊不勝盡錄，謹剪輯展覽開幕期間上載文字及網絡連結供參照。

【文化頭條：那些年在曉明上學的溫暖日子】

澳門文化局 IC 7月22日

　　20世紀50年代的澳門經濟蕭條，大人忙著糊口奔波，家中的小孩也要做手工幫補家計。同時，部分家長受重男輕女的傳統思想限制，往往把珍貴的上學讀書機會留給家中男孩，女孩能上學的機會很少。

　　1953年，來自波蘭的平靜修修女創辦澳門曉明學校（於開辦中學課程後註冊為澳門曉明中學，最終校名定為澳門曉明女子中學），取其「破曉明星」的意思，為當時家境清貧的澳門女生提供教育機會，照亮她們的未來。

　　儘管曉明學校在1975年併入聖羅撒女子中學，但是當年在「曉明」讀書的學生對母校情誼時至今日也未曾變改，本期【文化頭條】與你走進文化局轄下澳門博物館現正舉辦的「回歸愛的教育－－澳門曉明學校歷史珍藏展」，讓大家能從展覽中回味更多「曉明」的過去、澳門的過去。

從草棚課室到教學大樓

　　上世紀50年代，上學讀書並非易事，不是每個家庭都能負擔家中所有孩子的學費。而女孩大多在家照顧弟妹，並且要做幫工為父母分擔生活費。雖說是免費教育，家長們也不太願意讓女孩去上學。因此，當時創校的平靜修修女及范桂芳修女便挨家逐戶地說服家長們讓女孩到「曉明」接受免費教育，更向學生們提供免費膳食，父母見此也就再沒有反對女孩們上學。

　　1953年8月，在燒灰爐創校的「曉明」校舍由草棚、豬屋和雞欄改建而成，也迎來了80多個女學生。學生們在搭建的茅屋草棚中學習，平修女還讓家庭環境特別困難的學生在校留宿。雖然學校設施簡陋，但學生們毫不嫌棄，更一起為校舍打掃，非常珍惜來之不易的學校以及學習機會。

　　後來澳門慈善家羅保博士被「曉明」師生的努力而感動，一次性捐助興建全新的校舍。1958年，十字型設計兩層高新校舍教學大樓落成啟用。學生們有了真正的校舍，安全穩固的課室，還多了禮堂和游泳池，有了一個屬於「曉明人」的校園。1961年，學校再次獲得善心人士捐助，加建了第三層，成為貧困留宿生的宿舍以及修女的寢室。

女校男生

　　曉明學校本來只收女生，但為了讓要留在家中照顧弟妹的小姐姐可以安心上學，學校就兼收了在「曉明」讀書的女生們的弟弟，提供幼稚園到四年級的教育。但這些在「曉明」讀書的男生只能讀到小學四年級，之後就要轉往其他學校繼續學習。

學貫中西

曉明學校的課程中西知識兼備，讓人驚嘆學校的前瞻性，和60年後的現在沒有太大差別。當時的科目包括中文、英語、數學、地理、物理及化學等，令學生能夠研習不同領域的知識，培養科學精神。

同時，中國文化是"曉明"非常重視的課程之一，《古文觀止》、《四書集註》、《尺牘》以及中國書

德智體群美全發展

「曉明」對於學生德智體群美的發展極為重視。除了知識課堂外，也培養學生們的課外興趣，音樂、舞蹈、體育一樣都不缺少，讓學生們得到全方面的發展。這些豐富的校園生活為學生們留下難忘的回憶，如運動會、合唱團及舞蹈表演等，讓"曉明"大家庭共同成長，共同發展，也收穫珍貴的朋輩友誼及師生情誼。

勤工儉學

平民教育是曉明的辦學宗旨，在那個不富裕的年代，知識對學生很重要，但處世態度更不可忽視。「曉明」從來沒有校工幫忙打掃雜務，平修女認為學生愛學校便愛課室，而能把課室打理得好，將來也就能理好她們的家，因此平均分配學校的清潔任務予所有學生，而這也成了「曉明人」的傳統「做本份」。「曉明」的學生從不計較，從高年級的大姐姐到低年級的小妹妹，總是同心協力地把課室、宿舍打理好。「做本份」讓曉明舊生至今都牢記，做人不用太計較，而是要做好自己應該做的事。

除了「做本份」外，家政課也是「曉明」重要的課程之一，學習廚藝與裁縫，為學生未來的生活持家作準備。廚藝自是不必多說，裁縫則是當時生活生存的技能之一，「曉明」的女生們就在學校學會製作衣裙、西褲、套裝等，日後也能憑自己雙手養活自己及家人。

「曉明」女兒還特別擅長針黹女紅，一周兩節手工課，修女們讓學生們學習做頭紗、繡餐巾、十字布等，每一針一線都不能馬虎，因為女孩子做針黹女紅也是品德的修養。這些女紅作品更成為「曉明」師生用作籌募學校運作資金來源之一，平修女會收集繡品到商店寄賣，大家都明白學生的作品其實賣不了多少錢，所以商店也會提供捐助，可是平修女絕不會平白要店家的錢，於是就會把學生的刺繡、畫作送給店家，她要讓學生都知道世上不會有不勞而獲，只要用心付出，就能有回報。

師生情誼永不變

1975年，擁有22年歷史的曉明學校被合併至聖羅撒女子中學，但"曉明"舊生一直念掛這個大家庭，與同學、修女之間保持聯絡，每一封書信、每一次聚會的照片，都記錄了師生之間不變的情誼。

曉明學校雖已不復存在，但其精神一直被"曉明人"傳承至今。《回歸愛的教育－－澳門曉明學校歷史珍藏展》展出"曉明"校友一直珍而重之的課本、手工勞作、校園舊照等，讓我們有機會認識這所上世紀50年代的澳門平民學校，認識上一代澳門人勤奮學習及自力更生的故事。

參考書籍：廖妙薇《破曉明燈——中國百年歷史人物平靜修》（2015），懿津出版企劃公司

https://mp.weixin.qq.com/s/9ZI7Mw7wn-NRA0Mvdk9AFQ

「回歸愛的教育」展覽工作後感──我所感悟的「曉明精神」節錄

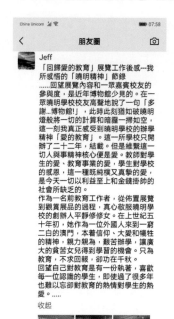

……回望展覽內容和一眾嘉賓校友的參與度，是近年博物館少見的。在一眾曉明學校校友高聲地說了一句「多謝……博物館！」，此時此刻猶如破曉明燈般將一切的計算和暗霾一掃如空，這一刻我真正感到曉明學校的辦學精神「愛的教育」。這一所學校只開辦了二十二年，結載。但是維繫這一切人與事精神核心便是愛。教師對學生的愛、教育事業的愛，學生對學校的感恩，這一種既純樸又真摯的愛，是今天一切以利益至上和金錢掛帥的社會所缺乏的。

作為一名前教育工作者，從佈置展覽到觀賞展品的過程，真心敬服曉明學校的創辦人平靜修修女。在上世紀五十年初，她作為一位外國人來到一窮二白的澳門，本著信仰、大愛和犧牲的精神，親力親為，艱苦辦學，讓廣大的貧苦女兒得到學習的機會。只為教育，不求回報，卻功在千秋。

回望自己對教育是有一份執著，喜歡每一位認識的學生，即使過了很多年也難以忘卻對教育的熱情對學生的熱愛。……

以上文字輯錄自互聯網流傳文章，有感筆者通過展覽領悟曉明教育精神的真義，鑑古而知今，極具社會啟發性，特轉載部份內容作為觀眾回響的紀錄。唐突勿罪，謹向這位不知名人士致衷心謝意。

觀後感言

剛去看　貴校的展覽很是感動，見到黃濤老師及林名溢老師的相片十分感慨，尤其佩服各位數十年的物品、單據、書本、畢業證書、校徽等仍保留得完整，每幀校園生活照片，見到各位歡樂笑容，想必當時學習愉快。導賞的詳細解說亦吸引眾多遊人細心欣賞。謹祝展出成功！

這位不署名觀眾，想必是昔日友校同僚，認識曉明師生。他很有心，參觀展覽後輯錄圖片上載，並發文給曉明校友表達心情。感謝！